소목장(창호) · 공주 목소장

충청남도 무형문화재 제18호　　충청남도 무형문화재 제42호

소목장(창호)

   글 | 최공호(한국전통문화학교 교수)

사진 | 주병수(사진작가)

공주 목소장

   글 | 최영숙(경기도문화재전문위원)

사진 | 김도형(사진작가)

소목장(창호) · 공주 목소장

초판1쇄 발행 2011년 4월 20일

발　행 | 충청남도 · 충청남도역사문화연구원
　　　　　주소 : 충청남도 공주시 중동 284-1(국고개길 24)
　　　　　전화 : 041)856-8608
　　　　　팩스 : 041)856-8609
　　　　　홈페이지 : http://www.cihc.or.kr/
기　획 | 국립민속박물관 · 충청남도 · 충청남도역사문화연구원

출　판 | 민속원
　　　　　주소 : 서울시 마포구 대흥동 337-25번지(토정로 25길 41)
　　　　　전화 : 02)804-3320, 805-3320, 806-3320(代)
　　　　　팩스 : 02)802-3346
　　　　　등록 : 제 18-1호
　　　　　이메일 : minsok1@chollian.net
　　　　　홈페이지 : www.minsokwon.com

ISBN 978-89-285-0122-9　93380

소목장(창호) · 공주 목소장

충청남도 무형문화재 제18호   충청남도 무형문화재 제42호

글 최공호   글 최영숙
사진 주병수   사진 김도형

민 속 원

'충청남도 무형문화재 기록도서'를 발간하며

　이 책은 '2010 충남민속문화의 해' 사업의 일환으로 충청남도 무형문화재를 글과 사진으로 기록하여 원형을 보존하고, 올바른 전승의 기초를 삼는 동시에 홍보와 기록의 자료로 보급하기 위하여 발간한 것입니다.

　무형문화재는 사람과 사람에 의해 전해지므로 유형의 문화재와 달리 시간의 흐름에 따라 변화하거나 단절될 소지가 있습니다. 이에 충청남도와 국립민속박물관에서는 충남의 무형문화재 41종목 중 29종목을 선정하여 보존 전승과 학술연구자료로 활용할 수 있도록 기록도서를 발간하였습니다.

　'충청남도 무형문화재 기록도서'는 무형문화재의 기ㆍ예능 실연 과정 전체와 역사적 전승양상 등을 기록ㆍ고증하여 더욱 객관적이고 전문적인 내용을 수록하였고, 전문사진작가들의 사진을 실어 독자 여러분의 이해를 도울 수 있도록 편집하였습니다.

이 책에는 충청남도 무형문화재 제18호 '소목장(창호)' 와 전통 창호의 개념을 살펴보고, 전통 창호의 역사, 전통 창호의 종류와 창살을 알아보았습니다. 또한 전통 창호의 재료 및 제작도구, 제작과정과 함께 창호장의 전승현황을 상세하게 소개하였습니다. 제42호 '공주 목소장' 의 전승 현황과 우리나라 전통 빗을 대표하는 얼레빗의 역사와 종류, 제작기법과 제작공구 들에 대한 조사결과를 상세하게 소개하였습니다.

모쪼록 '충청남도 무형문화재 기록도서' 가 전통문화 유산을 지키고 유지하는 한편 충남의 무형문화재를 올바로 전승해 나가는 기초자료는 물론 나아가 문화관광 자원으로 활용되기를 기대합니다.

2011년 4월

2010 충남민속문화의 해 추진위원장

충청남도역사문화연구원장 변 평 섭

축 사

'2010 충남민속문화의 해' 를 마무리하면서 우리고장의 대표적인 무형문화재를 모아 정리한 충남무형문화재 기록도서가 발간된 것을 진심으로 축하합니다.

이 책자를 발간하기까지 노고를 아끼지 않으신 변평섭 충청남도역사문화연구원장님을 비롯한 관계자 여러분, 열과 성의를 다해 연구와 집필에 임해주신 전문가 여러분께 마음 깊은 감사의 인사를 드립니다.

근래 들어 문화에 대한 중요성이 부각되면서 각 지역마다 문화의 저변 확대를 위한 활동을 활발히 전개하고 있습니다.

오늘날 범람하는 외래문화의 물결 속에서 우리민족의 유구한 역사와 전통이 담긴 민속문화를 잘 가꾸고 후세에 전승하는 것은 큰 의미가 있는 일입니다.

더욱이 무형문화재는 외형적인 실체가 없으면서도 민족 고유의 풍속과 신앙이 녹아든 것이기 때문에 이를 체계적으로 조사 · 연구하여 기록하는 것은 참으로 소중한 일이 아닐 수 없습니다.

우리 도에서는 특히 올해를 '충남민속문화의 해' 로 정하고 전통문화의 계승 · 발전을 위한 다양한 시책을 펼쳐 왔으며, 무형문화재 기록화사업도 그 일환으로 추진한 것입니다.

이 책에는 충청남도 무형문화재 제18호 『소목장(창호)』, 제42호 『공주 목소장』에 대해 그동안 현지 고증과 자료 수집 등을 거치며 최선을 다한 연구진의 값진 노력들이 담겨 있습니다.

상세한 해설과 전문작가의 사진을 통해 『소목장(창호)』, 『공주 목소장』 을 체계적으로 알리고자 애쓴 만큼 향토민속문화를 연구하는 데에 귀중한 자료로 널리 활용되길 기대합니다.

다시 한 번 책자 발간을 위해 애쓰신 모든 분께 감사드리며, 앞으로도 우리고장 민속문화를 더욱 아끼고 사랑해주시길 부탁드립니다.

2011년 4월

충청남도지사 안 희 정

축 사

　국립민속박물관과 충청남도는 2009년부터 2년간 충청남도가 보유한 전통문화자원을 지역발전의 새로운 성장동력으로 연계하고자 다양한 노력을 기울여 왔습니다. 급속한 도시화와 현대화 등 사회 환경의 변화로 전통 문화가 사라져 갈 위기에 처한 곳을 선정하여 주민들과 동거동락하며 심도 있는 조사와 연구를 실시하였고, 또 대표적인 전통 마을을 선정하여 지역주민뿐만 아니라 타 지역민 그리고 외국인도 참여하여 충남의 독특한 민속 문화를 체험해보는 프로그램을 운영하기도 하였습니다.

　우리나라에서는 1962년부터 무형문화재관련법을 도입하여 많은 성과를 이루어 냈습니다. 무형문화재 지정을 통해 무형문화유산의 중요성을 더욱 인식시켰고, 전승을 위한 다각적 노력으로 사라질 위기에 처했던 무형문화재를 보호하는데 큰 역할을 했습니다. 아울러 이 분야에 있어 괄목할만한 성과를 인정받아 국제적인 위상도 갖게 되었습니다.

　우리 민속박물관에서는 2006년부터 무형문화유산의 보호를 임무로 하는 국제박물관협의회(ICOM) 설립 취지에 맞춘 국제저널『무형유산』을 발간하고 있습니다. 국제저널『무형유산』은 국제박물관협의회의 공식 인정 저널로서, 2010년에는 국내에서 최초로 국가기관에서 발간하는 저널인 A&HCI에 등재되어 국제적인 권위를 인정받게 되었습니다.

　이러한 박물관 사업의 연장선상에서 이번에 충남의 대표적인 무형문화재 29종을 선정하여, 각 보유자의 기·예능을 조사 연구하고 체계적으로 기록하는 사업을 추진한 것은 참으로 의미 있는 일이라고 봅니다.

　이 사업을 통해 충남 무형문화유산의 원형이 확보되고 보존될 수 있는 계기가 되고, 아울러 상대적으로 열악한 환경에서 전승되고 있는 무형문화유산에 대한 국민적 관심을 유발하며, 자라나는 세대들에게 훌륭한 교육 자료로 활용되길 바랍니다.

2011년 4월

국립민속박물관장

소목장(창호) | 차례

공주 목소장 | 차례

소목장(창호)

충청남도 무형문화재 제18호

1 전통 창호(窓戶)의 개념

01 전통 창호와 창호장

전통적으로 창호(窓戶)는 창(窓)과 호(戶)가 결합된 말로, 창(窓)은 현대적 의미 그대로 일조나 환기를 위해 건물에 낸 개구부를 뜻하고, 호(戶)는 건물에 달린 출입문(門)을 총칭한다.[1] 그런데 『영건의궤(營建儀軌)』와 같은 문헌기록에 의하면 17세기 이후로는 차츰 '호'라는 용어가 '문'으로 대치되면서 창호보다 창문(窓門)으로 불리게 되었음을 알 수 있고,[2] 오늘날에는 '창'은 일조나 환기를 위한 창문을, '문'은 말

전통 창호, 조선후기

그대로 엄격한 의미의 출입문을 뜻하게 되었다. 그러나 '창문'과 '문'이라는 용어 이외에 '창호'라는 용어도 창문과 같은 의미, 혹은 전통적인 창호의 의미로 쓰이기도 한다. 즉 현대로 오면서 용어의 혼용이 온 것이다.

이처럼 우리나라 전통 창호의 구분이 명확하지 않은 것은 전통 건축물에 달린 창과 문이 크기, 형태, 용도 면에서 명확하게 구별되지 않는 경우가 있기 때문이다.[3] 특히 조선후기 건축물에서는 좌식생활문화를 근간으로 한 건축구조상 자연스럽게 '머름'의 유무에 따라 창과 문을 구분하기는 했지만, 창턱의 높이가 낮은 것도 있고, 병용되는 경우도 있어 창과 문을 확실히 구분 짓기 어렵다.[4]

따라서 전통 창호의 개념을 명확히 하기 위해 장인이 담당하는 기능 영역에 따라 구별하기도 한다. 전통적으로 목수들은 대목(大木)과 소목(小木)으로 구별되는데, 대목은 집의 기둥과 건축가구부재 등 구조를 전담하는 목수이며, 소목은 가구제작과 수장 등 세부적인 일을 하는 목수이다. 이 소목이 하는 일 가운데 창호제작도 포함된다. 구체적으로는 문(門) 중에서도 대문이나 일각대문 등과 같이 외부공간과 내부공간을 연결하는 문들은 대목이 전담하고 방문이나 창문은 소목이 담당한다. 즉 창호는 소목장(小木匠)의 작업영역이고 창호장은 소목장으로 통칭된다.[5]

우리나라 전통 창호를 제작하는 창호장은 소목 중에서 창호만을 전담하는 장인을 말하는 것으로 조선시대 나무관련 장색(匠色) 중 따로 창호장의 명칭은 보이지 않고 소목으로 통칭되었음을 알 수 있다. 이에 따라 현재 국가 중요무형문화재 및 시도지정 무형문화재 종목에도 소목으로 지정되며, 전문분야로 가구와 창호 전문으로 나뉜다. 원래 전통 소목에서는 공포(栱包)를 만드는 장인이 따로 있었고, 난간과 닫집, 장엄장식 등을 만드는 소목분야가 따로 있었지만 지금은 다른 소목분야는 기능이 거의 단절되거나 사라지고, 가구를 제작하는 장인과 창호를 만드는 장인으로 나뉘어 명맥을 유지하고 있다.

조찬형 창호장

따라서 현대의 창호장은 자신의 고유영역 뿐 아니라 인접 분야 또는 새로운 장식분야로 활동을 넓혀가는 등, 가구장, 대목장과 함께 한국 전통 건축문화를 계승하는데 매우 중요한 역할을 수행하고 있다. 특히 우리나라 전통 목조건축의 의장(意匠)에서 창호가 차지하는 비중은 매우 높으며, 건축물에 따라 창호의 종류와 크기도 다양해 고도의 창호기술과 기법이 필요하다.

전통적으로 창호장은 대목이 할 수 없는 섬세함과 세밀함으로 창호의 이음과 맞춤, 정확한 비례와 구성 등을 담당하기에 오랜 숙련을 거친 안목 높은 창호장만이 제대로 된 창호를 제작할 수 있다.

02 전통 창호의 특성

우리나라의 전통 창호는 개폐방법과 용도, 장소, 크기, 구조, 기능, 재료에 따라 다양하게 분류할 수 있으며, 건물의 성격에 따라 창호의 쓰임 및 형식이 달라지기도 한다. 이같은 다양한 형태와 개폐방식은 다른 나라의 건축문화와 구분되는 한국 건축문화의 중요한 특성을 이루며, 이는 한국의 자연환경과 오랫동안 몸담아 살면서 형성된 경험과 지혜의 소산이다.

우리나라에서는 사계절이 뚜렷한 기후와 풍토에 맞춰 더위와 추위에 모두 적합하도록 개방성과 폐쇄성이 동시에 갖추어진 건축물이 추구되어 왔으며, 특히 전통 창호가 이 개방성과 폐쇄성의 공존을 가능케 해주는 가장 핵심적인 요소이다. 즉 전통 창호의 다양한 개폐방식에 의해 폐쇄된 공간으로도 개방된 공간으로도 변용될 수 있으며, 창호를 통해 바깥의 풍경을 실내로 끌어 들일 수 있다. 대표적인 예로 '분합문(分閤門)'은 2, 4, 8짝으로 구성되어 있는데 주로 대청과 마루 사이에 달아 모두 닫았을 때는 가벽의 역할을 해서 공간이 분리된다. 하지만 창호의 일부만을 여닫아 출입할 수 있고, 접이식으로 포개어 열었을 때는 두 공간을 하나로 터서 넓게 사용할 수 있게 된다. 또 '들어열개문'은 문짝을 모두 포개어 완전히 열어 천정에 달 수 있는 구조로 창호를 모두 열어 달면 두 공간은 완전히 하나의 공간이 된다. 장지문 또한 방과 방 사이에 설치하여 공간분리가 되기도 하고 필요에 의해 밀어 젖혀 두 공간을 하나로 틀 수 있는 창호이다. 이처럼 전통 창호는 개폐방식 만으로도 기후변화나 상황변화에 따라 다양하게 공간 활용이 가능하다.

한편 창호를 통해 바깥을 내다보고 자연을 감상할 수 있는 단순한 기능 외에도 창호를 닫고도 창호지를 통해 외부의 빛과 그림자, 바람소리, 비소리, 바람에 나부끼는 나뭇잎소리 등등 계절과 자연을 그대로 느낄 수 있기에 한마디로 자연과 소통할 수 있다는 점도 우리 전통 창호의 특징이라고 할 수 있겠다.

이처럼 다양한 창호의 형식 뿐 아니라 창살문양 또한 전통 창호의 특징이다. 창호가 건축물에서 가장 눈에 띄는 얼굴이라고 한다면 얼굴표정을 통해 모든 감정을 표현하는 것처럼 건물의 분위기와 아름다움을 결정짓는 최종적인 마감이 바로 창살이다. 독특한 살짜임 뿐만 아니라 밤과 낮에 시시각각 창호지를 통해 들고 나는 빛과 창살이 빚어내는 그림자는 실내외공간에 한옥만의 특별한 정서를 만들어 낸다.

창살의 사전적 의미는 '창짝이나 미닫이 등의 가로, 세로로 지른 가는 나무오리',

또는 '비각, 종각 등의 벽 같은데 세로로 죽죽 내려지른 나무오리' 라는 뜻으로서, '창 (窓)의 올거미에 살을 박았다' 는 행위를 복합시켜 나온 말로 문골에 채나 오리(살)를 써서 짠 것을 말한다.[6] 결국 창살이란 창에 살을 메운 것인데 하얀 창호지 위의 놓인 다양한 창살문양 그 자체가 예술적 조형미를 뽐낼 뿐 아니라 건축의 격을 상징한다.[7] 예를 들어 살창은 부엌에 설치하고 띠살창, 용자창, 완자창, 아자창 등은 주택과 궁궐 의 침전(寢殿)과 내전(內殿), 사찰의 요사채에 설치하고, 꽃살창호는 궁궐의 침전과 사찰의 대웅전(大雄殿) 같은 주요 전각(殿閣)에만 설치하는 것이 관례이다.

또 각 창살은 우리 선조들의 문화적 원형, 또는 삶의 염원이 담긴 종교성을 내포한다고 할 수 있다. 용자살, 완자살, 귀자살 등이 전통적으로 길상(吉祥)을 의미하고, 꽃살이 불가(佛家)에서 꽃공양을 의미하는 것 등을 말한다.

전통창호의 또 다른 특징은 바로 결구법이다. 반턱맞춤, 장부맞춤, 연귀맞춤 등 한국 목조건축술의 정수라고 할 수 있는 정교한 결구법을 바탕으로 못 하나 쓰지 않고 짜맞춤으로만 창호를 완성해 낸다. 이 한치의 오차도 허용하지 않는 짜맞춤이 수백 년의 세월을 지탱해온 것이다.

이처럼 기능과 조형성, 나아가 종교성과 문화전통까지 내포하고 있는 우리나라 전통 창호의 특성은 하루아침에 형성된 것이 아니다. 오랜 세월 이 땅의 자연환경 속에서 축적된 경험의 역사가 반영된 특성으로 우리 전통 목조건축문화의 계승이라는 측면에서 반드시 소중하게 계승되어야 할 대상이다.

경복궁 근정전 내부

2 전통 창호의 역사

창호의 발생시기를 정확하게 알 수는 없지만 인류의 주거문화의 발달에 따라 건축 행위가 시작된 선사시대에 이미 발생했을 것으로 보인다. 당시 사람들에 의해 건축물이 지어지면서 자연스럽게 생겨난 출입문과 창은 변화와 발전을 거듭하여 오늘날에 이르는 것이다.

청동기시대 움집에서 사용된 창의 형식은 구체적인 근거자료를 알 수는 없지만, 성읍국가시대의 문과 창에 관한 자료는 중국 측의 기록을 통해 그 존재가 확인된다. 『후한서(後漢書)』 동이전(東夷傳) 한조(韓條)에 '… 읍락을 잡거하였고 또한 성곽은 없었는데, 토실을 무덤처럼 만들고 호가 위에 있었다 …' 고 하였다. 이 호가 '문' 인지 '창' 인지는 확실치 않으나 우리나라 창호에 관해 현재까지 확인된 최초의 기록이다.[1]

따라서 선사시대 원시주거 형태를 거쳐 고조선(古朝鮮)이나 부여(夫餘), 예맥(濊貊), 마한(馬韓), 진한(辰韓), 변한(弁韓) 등 고대국가 형성기에 접어들어 성(城)과 궁실(宮室) 등의 건축물이 조영되면서 창호의 종류가 다양해졌을 것으로 보인다.

현존하는 삼국시대의 문과 창호의 유구는 없지만『삼국사기(三國史記)』와『삼국유사(三國遺事)』에 문과 창호의 존재를 말해주는 몇몇 기록이 존재한다. 성곽이나 궁실 건축 또한 창호와 문의 존재를 간접적으로 시사한다. 또 문과 창의 존재를 추측케 해주는 토기, 벽돌의 형태와 더불어 삼국시대 초기부터 성과 궁실, 민가 등이 건립되었던 사실에 비추어 전시기보다 발달된 형태의 창호가 존재했을 것으로 짐작된다.

예를 들어 마선구 1호분 벽화나 덕흥리 고분벽화 등에 분명한 창의 묘사를 볼 수 있으며, 백제 동탑편(銅塔片)에도 문으로 추정되는 방형의 구멍 좌우로 빗살 창호가 묘사되었다. 또 가야시대의 집모양토기의 전면에는 중앙에 두 짝의 문이 있고, 이 문짝 좌우에는 끝이 뾰족한 철물로 그린 듯한 살창이 있다. 가야국의 민가에 양쪽으로 여닫는 문과, 빛과 공기를 받아들이는 살창이 설치되었음을 입증한다.

이시기의 유물들에서 창살 안쪽에 창호지를 부착한 지금과 같은 창호는 등장하지 않고 있는 것으로 보아 남북국시대까지 기본적인 창호 형식은 판문(창)과 살창으로 여겨진다.

가옥 장군, 삼국시대, 삼성 리움미술관소장

통일신라시대에는 『삼국사기(三國史記)』를 통해 도성이나 산성, 궁궐 등에 여러 문과 창호의 존재가 확인되고, 감은사지(感恩寺址) 동 3층석탑 사리구(舍利具) 등을 통해 궁궐이나 사찰 전각 모두에 문짝과 살창이 있었음을 알게 한다. 단양 향산리 3층석탑, 쌍봉사(雙峯寺) 철감선사탑, 성주사지(聖住寺址) 중앙 3층석탑, 고달사지(高達寺址) 승탑 등에 표현된 조각을 통해 문과 살창의 형태나 철물장식의 모습을 엿볼 수 있다. 특히 성주사지 중앙 3층석탑에서는 문의 울거미에 45°각도의 부재결구방식인 연귀맞춤이 잘 표현돼 있어 조선시대 창호의 일부 형식이 신라시대까지 거슬러 올라가는 사실을 확인케 한다.

1	
	2

1_성주사지 중앙 3층석탑, 통일신라
2_경기도 여주 고달사지 부도, 통일신라

04 고려시대

고려시대의 창호는 사찰에 국한되기는 하나 실물자료가 남아 있어 얼마간의 면모가 확인된다. 유적은 봉정사(鳳停寺) 극락전(極樂殿), 부석사(浮石寺) 무량수전(無量壽殿)과 조사당(祖師堂), 수덕사(修德寺) 대웅전(大雄殿), 은해사(銀海寺) 거조암(居祖庵), 영산전(靈山殿) 등이다. 우리나라의 가장 오래된 목조건축인 봉정사 극락전은 원형을 찾아 복원된 현재에는 전면 중앙에 두 짝 판문(板門)을 달고 좌우로 살창이 설치되어 있다.[2] 또한 남아있는 고려시대의 다른 사찰 전각에서도 정면에는 판문이나 띠살문, 정자살문 등 출입문을 설치하고 좌우로는 채광과 환기만을 위해 살창을 단 예가 보인다.

수덕사 대웅전, 국보 제 49호, 고려시대, 충남 예산

고려 말기의 부석사 무량수전이나 수덕사 대웅전에서는 전각 정면 전체를 살로 구성된 창호를 설치하고 측면에도 외짝문을 달아 개방된 형식을 보여주고 있다. 이처럼 고려시대에는 중앙에 두짝문을 중심으로 좌우에 살창을 설치하는 형식이 전승되거나 점차 전면으로 창호가 확대된 형식이 나타나고, 들어열개와 여닫이의 양식이 사용되었으며, 삼국시대부터 보이던 살창이나 빗살창과 띠살창(세살창, 細箭窓), 정자살창(井字窓) 등의 창호가 사용되는 등 창호의 형식이 더욱 다양해졌다.

05 조선시대

조선시대는 전하는 건축유물의 수가 많기도 하지만, 선사시대부터 축적된 전통을 기반으로 발달하였기에 내용 역시 다양하고 풍부하다. 창호의 형식뿐 아니라 창살의 형태, 개폐방식, 창살 문양도 매우 다양해진다. 조선시대 창호 변화의 가장 큰 이유 중 하나는 온돌과 마루가 결합된 좌식생활의 정착과도 무관하지 않아 보인다. 오래 정주해오는 동안에 이 땅의 자연과 환경에 적응하여 형성된 실용적 지혜가 자연관·조형의식과 결부되어 한국 건축의 특징적인 창호 형태와 개폐방식을 갖추었다고 하겠다.

구체적인 창호 형식은 고려시대의 개방 형식이 조선 초에 계승되어 정면 전체에 창호가 설치되는데, 관룡사(觀龍寺), 장곡사(長谷寺), 봉정사(鳳停寺), 송광사(松廣寺), 개심사(開心寺), 무위사(無爲寺)가 그 예이다. 이러한 개방형 창호 형식은 조선후기까지도 이어져 정면과 측면은 물론 뒷면에까지도 문살이 있는 창호를 설치하는 경향이 일반화 된다. 이처럼 오늘날 우리가 볼 수 있는 창호의 형식과 창살종류가 대부분 조선시대부터 보이던 그대로라고 할 수 있다.

앞에서 살펴본 바와 같이 우리나라의 창호는 삼국시대에 이미 구체적인 형태를 갖추었고, 고려와 조선에 와서 우리 민족의 특성에 걸맞은 특징적인 창호형식을 수립하였음을 알 수 있었다. 급격하게 바뀐 현대 건축의 대세에 밀려 전통 창호도 더불어 우리 곁에서 사라져 가고 있는 현실은 비슷한 상황에 처해 있는 전통 공예미술 분야의 여건과 다르지 않아 안타깝다.

3 전통 창호의 종류와 창살

1. 창호의 종류

2. 창살의 종류

우리나라의 전통 목조건축이 그러하듯이 창호 또한 우리나라의 뚜렷한 사계절에
따른 기후 변화에 잘 대처할 수 있게 만들어 졌다. 기본적으로 외벽에는 외기를 막을
수 있도록 조밀한 살대의 튼튼한 덧창을 덧대었으며, 그 안에는 살대의 간격이 비교
적 넓은 다양한 창살형태의 영창을 설치하였다. 평상시에는 덧창을 열어두고 영창을
통해 바깥의 자연과 소통하게 되는데, 좀 더 격이 높은 건축물에서는 덧창과 영창(映
窓) 사이 또는 영창 안쪽에 미닫이창 하나를 더 두어 세 겹으로 구성하였다. 나아가

운강고택 안채,
조선시대, 경북 청도

개폐방법과 용도, 장소, 크기, 구조, 기능, 재료에 따라 다양하게 분류된다. 또 그 건물의 성격에 따라 창호의 쓰임 및 형식이 달라지기도 한다.

개폐방식은 창과 문의 위치 및 쓰임에 따라서 달라지는데 밖으로 밀거나 안으로 당겨서 여닫는 형식의 여닫이, 양쪽으로 밀어서 여는 형식의 미닫이, 미닫이형식이지만 서로 엇갈려서 여닫을 수 있는 미서기, 움직이지 않는 붙박이, 문을 걸어 올리는 걸창(들어열개)[1], 주름처럼 접어 열 수 있는 접이문, 밑에서 밀어 여는 들창[2] 등으로 분류된다.

또 창호의 짝수에 따라 외짝을 독창(獨窓), 두 짝을 쌍창(雙窓)이라 하고, 용도·장소·구조, 면재료에 따라 분합문(分閤門), 장지(障紙), 광창(光窓)[3], 영창(映窓)[4], 연창(煙窓, 連窓)[5], 흑창(黑窓)[6], 교창(交窓)[7], 사창(紗窓)[8], 갑창(甲窓)[9] 등으로 구분된다. 특히 분합문은 외벽에 대청과 방 사이, 또는 대청 전면에 설치되는 두 짝 이상 4짝, 8짝으로 구성되는 창호 형식으로 평소에 닫아 놓으면 가벽의 역할을 하면서 한짝만 여닫이로 사용하지만 공간을 틀 필요가 있을 때에는 분합문을 접어서 들어올려 등자쇠에 걸면 방과 대청이 통칸이 된다. 즉 분합문은 들어열개문으로서 공간을 완전히 분리시키기도 하고 통합시키기도 한다. 이 분합문에는 빛의 유입을 위해 불발기창이 달려 있는 것이 대부분이다. 장지문은 장자문(障子門)이라고도 하는데, 주로 안방이나 사랑방 같은 큰 방이나 연이어 있는 방을 가변적으로 분리 사용하기 위해, 혹은 방과 마루 사이에 공간 분리가 필요할 때 미닫이 형식으로 설치한다. 분합문과 마찬가지로 평소에는 가벽의 역할을 하지만 공간확장이 필요할 때는 열어서 두 공간을 터서 넓게 사용할 수 있다. 그 밖에도 부엌의 연기를 배출시키기 위해 벽에 구멍을 뚫고 날 짐승이 들어오지 못하게 살대를 엮고 창호지를 바르지도 않고 열리지도 않는 환기창을 봉창(封窓)이라고 하며, 창호 안에 부분적으로 열 수 있는 작은 창을 내거나 아니면 창호 옆 벽면에 밖을 내다볼 수 있는 작은 창을 내기도 하는데, 눈곱만큼 작다 해서 눈곱재기창이라고 한다. 이는 겨울에 창호 전체를 열 경우 열손실이 많기 때문에 고안된 형식으로 기능이나 이름에서 예지와 해학이 엿보인다. 또 조선시대 말의 주택에서 많이 쓰인 불발기창은 광창, 연창이라고도 하는데 분합문의 문짝 중앙에 정사각형, 팔각형, 원형 등의 울거미를 만들고 그 안에 정자살, 빗살, 완자살 등으로 살구성을 한 후, 한 면에만 창호지를 바르고 문짝의 아래와 위의 나머지 부분은 모두 두꺼운 도배지로 양면을 발라 중앙부는 빛이 은은하게 반투과 되지만 아래와 위는 빛이 투과되지 못하게 만드는데 구성미가 뛰어나 요즈음도 많이 쓰인다.

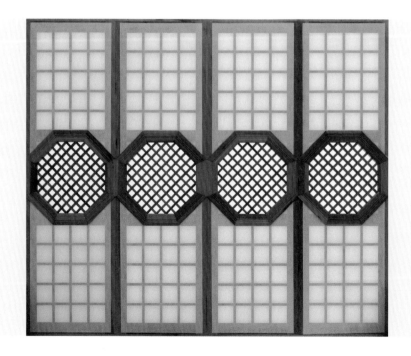

불발기창

02 창살의 종류

　다양한 전통 창호 형식 중 가장 대표적인 것은 바로 '살창' 이다. 원래 살창은 세로 살만 설치하고 창호지를 바르지 않는 가장 단순한 형식의 창호를 의미하였지만 오늘날엔 창살이 있는 모든 창호를 통칭하여 살창이라고 한다. 살창의 특징은 창살의 선과 선이 교차하여 만들어 내는 구성미와 여백의 아름다움 자체로 빼어난 조형미를 형성한다는 점과 창살 사이사이로 비치는 빛과 그림자 등 살창을 사이에 두고 자연과 소통할 수 있다는 점이다.

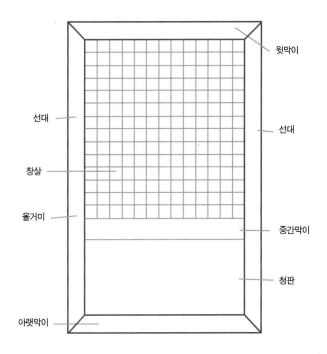

기본 살창의
구조와 부재 명칭

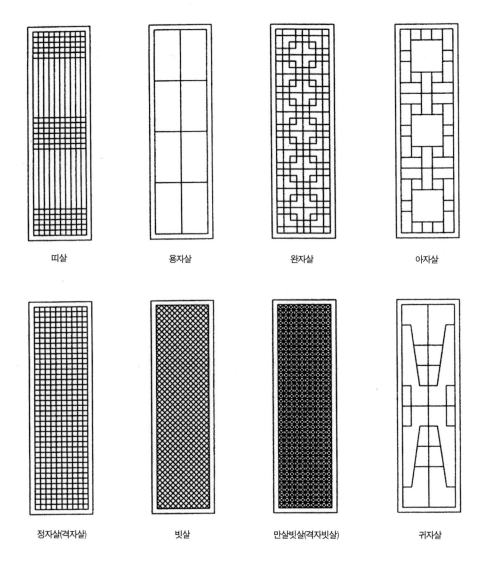

띠살	용자살	완자살	아자살
정자살(격자살)	빗살	만살빗살(격자빗살)	귀자살

창살문양의 종류

살창은 기본적으로 창울거미와 창살, 청판으로 이루어지는데, 뼈대라고 할 수 있는 울거미는 양옆의 선대와 윗막이, 중간막이, 아랫막이로 구성되며, 보강재의 구실과 함께 장식도 겸하는 청판은 더러 생략되기도 한다. 창살은 살대를 조립한 후 창울거미에 끼워 맞춰서 창호를 완성하며, 완성된 창호를 창틀에 설치한 뒤 창호지를 바른다. 각 창살이 형성하는 문양에 따라 띠살창, 완자살창, 정자살창, 빗살창, 소슬빗살창, 격자빗교살창, 꽃살창 등으로 나뉜다. 각종 창살은 창호의 이목구비(耳目口鼻)라고 할 수 있으며, 나아가 건축물의 성격과 이미지를 완성한다.

다음은 창살의 문양에 따른 분류이다.[10]

살창

창울거미를 짜고 울거미의 아래 위 가로대에 일정한 간격으로 살대를 꽂아 만든 일반적인 창이다. 여러 창살 중 가장 단순한 형식이며 가야 토기 등 남아 있는 자료로 보아 창살 가운데 가장 오래된 것으로 간주된다. 대개 창호지를 바르지 않고 부엌이나 창고 등의 환기를 위해 달았던 봉창 등에 쓰였다.

띠살창(세살창, 細箭窓)

창울거미에 가는 세로살을 촘촘하게 세우고, 가로로는 일정한 간격을 두고 상, 중, 하의 세단으로 나누어 세로살들과 직교가 되게 가로살을 짜 넣은 창살 형식이다. '띠살창호', 또는 '세살창호'라고 한다. 전통 한식 창살 중 가장 기본적인 형식으로 단순하면서도 면의 분할에서 오는 쾌적한 비례감으로 장중하고 깔끔한 멋이 난다. 일정 간격으로 가로살을 3~7개 씩 짜 넣는데, 사대부가 이상 궁궐의 전각에서는 가로살을

5개 이상 촘촘히 짜 넣는다. 궁궐과 사대부가, 사찰, 민가의 덧창호나 방의 출입문, 들창 등에 가장 널리 쓰였다.

정자살창(井字窓)

세로살과 가로살이 서로 똑같은 비례로 짜여져 살의 짜임새가 정사각형인 '정(井)' 字 모양으로 된 창살형식을 말한다. '만살창(滿箭窓)' 또는 '우물살'이라고도 한다. 띠살보다 변화가 적어 아름답다고 할 수 없으나 살칸이 많아 튼튼하며, 규칙적인 이음으로 인해 단아해 보인다. 왕궁이나 사찰 전각, 민가 주택에 모두 쓰이는데 주택에서는 교창이나 불발기창호로 널리 쓰였고 마루방의 정면 창호로도 쓰였다. 부석사 무량수전의 정면 창호의 예로 보아 이른 시기부터 사용된 것으로 여겨진다.

완자살창(만자창(卍字窓))

창울거미 속에 한자의 '만(卍)' 字에서 유래한 형태로 살을 짜 넣은 창살형식으로 '만자창'이라고도 하는데 본래는 완자창이라고 하였다.[11] 생동감 있고 박력 있는 느낌이며 궁궐이나 사대부집의 안채나 사랑채, 별당채와 같은 방들의 창호나 사찰의 요사채 등 주거 공간에 주로 설치되었다.

아자살창(亞字窓)

창울거미 속에 한자의 '아(亞)' 字를 짜 넣은 창살형식으로 중앙에 큰 사각형을 놓고 4면에 살을 붙여 이를 위아래로 연결하는 양식이다. 살 짜임새가 아기자기한 맛이 있어 주로 조선시대 주택에서 여성 공간인 안채의 장지문이나 쌍창으로 널리 쓰였고,

사찰에서는 승방, 궁궐에서는 내전에 많이 썼다.

용자살창(用字窓)

'용(用)' 字 모양의 살을 짜 넣은 창살형식으로 살대의 짜임이 간결하고 창호지 여백이 많아 단순하고 시원한 느낌을 준다. 살 수가 적어 빛을 많이 받아들이기에 보통은 사랑채 등 남성 공간에 주로 썼다.

빗살창(斜窓)

살대를 45도와 135도로 서로 빗겨 교차되게 짜 넣은 형식으로, 사선으로 마름모무늬가 만들어져서 정자살을 모로 뉘인 것처럼 보인다.[12] 주택에서는 방의 출입문으로 많이 쓰였지만, 분합문의 불발기를 빗살창으로 하는 경우도 많았고 사찰에서는 대웅전을 비롯한 전각의 창호로 널리 쓰였다. 기본 빗살창호 뿐 아니라 두 살이 만나는 교차점에 꽃문양이나 다른 문양을 새겨 넣은 꽃살창호의 기본창살로도 적당하여 조선 후기 사찰 전각의 꽃살창호에 바탕 창살로 쓰인 예가 많다.

소슬살창

격자살과 빗살을 주로 하여 여러 가지 살을 모두 넣어서 짠 복잡하고 화려한 창살 형식이다. 작은 삼각형 모양이 나오는 세모소슬빗살과 변형된 육각 모양이 나타나는 육모소슬빗살의 두 가지가 있다. 소슬이란 '돋아낸', '돋우어진', '도드라진' 의 뜻으로 대부분 살이 교차하는 위치에 모란, 국화, 연화 등을 조각하여 꽃살창으로 표현된다. 소슬빗살창은 조선전기까지는 보이지 않다가 임진왜란 이후부터 나타나는 형태로 사찰 전각의 정면에 자주 사용되고 특히 교차점에 꽃문양을 조각한 꽃살창으로 가장 널리 쓰였다.

격자빗 · 교살창

격자살 또는 정자살 내에 45도의 빗살을 짜 넣은 것으로 한편만 댄 것을 격자빗살 또는 만살빗살창(滿箭斜窓)이라고 하고, 양편에서 교차하여 댄 것을 격자교살, 만살교살이라고 한다. 조선초기부터 사찰 전각 등에서 사용된 것으로 보인다.

숫대살창(줏대살창, 籌箭窓)

살짜임새를 조선시대 셈을 할 때 쓰던 산가지(算木)를 늘어놓은 모양 같다고 하여 숫대살창이라 한다. 사대부집의 사랑채, 별당 등에서 이 숫대살창호를 즐겨 썼으며 안고지기와 같은 특수한 창호에도 썼다.[13]

꽃살창

창살에 꽃문양을 조각하여 짜 맞춰 연속 꽃무늬를 형성한 창호로 궁궐과 사찰의 대웅전을 비롯한 중요 전각의 정면 창호에 썼다. 빗꽃살, 만살빗꽃살, 솟을빗꽃살 등이 있는데 빗살이나 격자살, 솟을살의 살대 그 자체나 판재에 여러 가지 꽃을 조각하여 전체적으로 4엽이나 6엽 무늬로 연속된 꽃문양이 형성된다. 이 중 솟을꽃살이 가장 많이 쓰이고 그 형태 또한 다채롭다. 꽃살창은 기본 살대 자체에 꽃을 조각하여 살짜임을 한 형식이 가장 많고 살대의 교차점마다 꽃을 따로 만들어 붙이거나 드물게 한장의 통판재를 투각하여 문양을 새기기도 했다. 문양의 소재로는 연꽃, 모란, 국화, 초

꽃창살

화문과 기타 다양한 꽃 종류가 있고 금강저 문양과 나뭇잎 문양, 새와 수중동물도 더러 보인다.

이밖에 귀갑살창(龜甲窓), 귀자살창(貴字窓)등이 있으며 불발기창처럼 하나의 창호에 여러 가지 창살을 적용하기도 하는 등 시대 흐름과 장인의 역량에 따라 다양한 창살이 새로이 창안되었다.

4 전통 창호의 재료 및 제작도구

01 창호의 재료

전통 목조건축에 설치되는 한식창호는 의당 목재가 주재료로 쓰이는 탓에 앞서 살펴본 것처럼 소목장의 소관임은 당연한 이치다. 특히 전통 창호는 소목장의 작업 대부분이 그러하듯 못이나 접착제를 쓰지 않고 짜임으로만 제작되기 때문에 창호에서 쓸 목재는 가장 중요한 관건이 된다.

대목이든 소목이든 목공에 사용되는 목재는 주변에서 쉽게 구할 수 있으며, 내구성과 미관 등 용도에 맞는 재료를 선별해야 함은 기본이다. 결도 아름다워야 하지만 나이테가 고르고 간격이 일정해야 하며 조직이 치밀한 것일수록 좋다. 또 그 사용에 있어서도 적절한 함수율이 유지되도록 건조시켜 가공을 해야 제작 후의 변형을 방지할 수 있다. 함수율은 일반적으로 5% 미만일 때 갈라지거나 뒤틀림이 적다. 목재 안에 수분이 많으면 가공은 쉽지만 건조에 따른 변형이 오기 마련이고 반대로 목재가 너무 건조되었을 경우 가공이 힘들어 적정한 수준을 유지하는 것이 매우 중요하다. 따라서 좋은 창호를 제작하려면 우선 잘 선별된 나무를 동남풍이 부는 그늘에서 3년 동안 자연건조 시킨 후 목재의 성질이 순해지기를 기다려 쓴다.

전통 한식 창호 제작에 쓰이는 목재는 일반 소목용 목재와 크게 다르지는 않지만 창호의 부재에 따라 결의 쓰임을 달리 한다. 창호를 이루는 각 부재들의 위치와 형태, 힘을 받는 지점과 힘의 크기와 방향, 시각적인 효과 등에서 차이가 있다. 먼저 창호의 골격인 울거미 부분에는 곧은결을 쓴다. 울거미에서 뒤틀림이 생기면 창호 전체의 균형이 깨지고 틈이 생겨, 열손실은 물론 형태의 변형으로 인해 여닫는데 문제가 생긴다. 따라서 울거미에 쓰는 목재는 나이테가 촘촘하고 내구성이 크며, 변형 가능성이 적고, 옹이가 없는 부분을 선택한다. 이 때문에 주로 나이테가 촘촘하고 튼튼하며 습기가 적어 가볍고 변이의 발생이 적은 북쪽 방향으로 자란 부분의 심재를 쓰는 것이 좋다.

창살부분의 목재 역시 곧은결을 사용하는 것이 가장 좋지만, 옹이나 삭정이 등의 결함이 없고 널결이 심하지 않으면 쓰는데 큰 무리가 없다. 창호에 따라 청판이 있기도 하고 없기도 하지만 다른 부재에 비해 힘을 받기 보다는 넓은 면이 보이는 부분이기 때문에 목재는 널결이고 옹이가 있더라도 무늬가 아름다운 것이 좋다.[1]

전통 한식 창호에 가장 많이 쓰는 목재는 소나무다. 토종 소나무인 춘양목(春陽木)이 가장 좋고 홍송(紅松)이나 미송(美松)을 그 다음으로 친다. 자재 수급이 용이하지 않을 때는 육송이나 적송도 무난하다. 이 밖에 잣나무, 주목 등 우리나라에서 자생하는 침엽수와 가구, 공예품에 주로 쓰는 가문비나무, 자작나무, 가래나무, 느티나무, 밤나무, 참나무, 오동나무도 활용된다.

소나무

건축 구조재로도 많이 쓰는 소나무는 우리나라 전역에서 자생하는 침엽수로 변재는 흰색을 띠고 나이를 먹을수록 심재는 갈색을 띤다. 탄력이 풍부하고 내습성이 강하며, 향기가 있어 한옥에서는 제일가는 목재로 꼽는다. 또 재질이 연하고 부드러우며 무늬결도 아름다워 소목에서도 가구나 목기 재료로 널리 쓰였다. 이처럼 폭넓고 요긴한 터라 조선시대에는 국가의 관리를 받기도 했다.

이 가운데서도 금강산을 중심으로 분포되어 있다고 해서 이름 붙여진 '금강송(金

剛松)', 강원도에서 나는 '강송(江松)', 그리고 경북 영주 동북방 춘양 지방에서 나는 질 좋은 소나무를 가리키는 '춘양목'이 유명한데, 창호 제작 목재로는 '춘양목'을 제일로 꼽는다. 은은하게 배어 나오는 소나무 향도 좋을 뿐 아니라 목재의 결과 색상이 아름다워 실내외 창호의 울거미, 살, 청판 등을 제작하는데 최상의 조건을 갖추었기 때문이다. 특히 1~2백년이 지나도 나뭇결이 그대로 유지될 뿐만 아니라 조직이 치밀하여 섬세한 조각에도 흐트러짐 없이 그대로의 문양을 살려내기 때문이다.

창호 제작용으로는 대개 100년에서 300년 가량 된 춘양목을 쓰는 것이 가장 좋은데 11월에서 2월 사이에 벤 춘양목 중 좋은 나무를 선별해 동남풍이 부는 그늘에서 3년간 자연건조 시킨 후 무늬대로 켜서 사용한다. 같은 나무라도 북쪽(음지)에서 자란 것은 울거미를 만드는 데 사용하고 나머지는 문살을 만든다.[2]

잣나무

울릉도, 제주도를 제외한 지역에서 자라는 침엽수로 변재는 황백색, 심재는 연한 홍색을 띠고 있어서 '홍송(紅松)'이라 부르기도 한다. 나이테 간격은 좁고, 목질은 추재(秋材)는 강하고 춘재(春材)는 연하여 결이 곱고, 곧게 뻗어 자라기 때문에 긴 목재를 얻을 수 있는 장점이 있다. 대목일에도 즐겨 쓰이지만 재질이 연하고 진액이 많아 가공하기 쉽기 때문에 소목에서는 가구의 울거미, 내부 장식재, 서랍, 함 등을 만든다. 색감이나 질감이 우수하여 창호제작에 있어서 춘양목 다음으로 많이 쓰이지만 소나무에 비해 내구성이 약한 단점이 있다. 현재 수입재인 '더글라스'가 잣나무와 재질이 흡사하고 국산목을 대신하여 많이 사용되면서 홍송으로 오인되는 경우가 종종 있으나, 본래 홍송은 잣나무를 지칭한다.

주목

우리나라 고산지대에서 자라는 침엽수로 경목(慶木), 적백송(赤栢松)이라고도 하고 심재가 홍색을 띠고 있어 '붉은 나무'라 불리기도 한다. 재질이 치밀하면서도 가볍고 연하며, 결이 곱고 아름다우면서도 광택과 향기가 있다. 또 가공도 다른 침엽수들 보다 쉬운 편이라 주로 바둑판, 장기판, 고급 가구, 알판, 내부재료, 조각, 내장 등 소목에 많이 쓰였고, 창호 제작용으로도 더러 쓰였다. 살아서 천년, 죽어서 천년이라 일컬어질 만큼 오래 살고 내식성이 강하여 최고급 관상목으로 알려져 있는데, 현재는 천연기념물로 지정하여 벌목을 금하고 있다.

자작나무

우리나라 산과 들의 습지에서 자생하는 활엽수로, 추운 지방으로 갈수록 잘 자라는 성질을 가졌으며, 나이테가 뚜렷하지 않고 변재, 심재의 색상은 모두 갈색을 띤다. 눈매가 크지 않고 무늬결 역시 흐리지만 목질은 단단하고 치밀하여 농기구 및 조각, 가구 등과 함께 창호의 울거미 제작에도 더러 쓰였다.

밤나무

주로 온대지방에서 자생하는 활엽수로, 변재는 희고 심재는 갈색을 띤다. 재질이 질기고 단단하며 무겁고 나뭇결이 선명하여 가구, 신주 등을 제작하거나 민가의 창호에 많이 썼다. 다만 건조과정에서 변형이 심하여 충분한 건조와 숙성이 필요하다.

느티나무

우리나라 거의 모든 지역에서 자생하는 활엽수로 변재는 흰색, 심재는 갈색을 띠며, 단단하고 질기다. '규목'이라고도 불리며, 나이테가 뚜렷하고 눈매가 크며 나뭇결이 특히 아름다울 뿐만 아니라 광택도 있어 전통가구와 창호 재료로 널리 애용되었다.

가래나무

한자로 추목(楸木), 추자목(楸子木)이라 하며 산기슭의 양지쪽에서 자란다. 나무의 변재는 회백색, 심재는 회갈색으로 질이 치밀하고 질기며 뒤틀리지 않아 가구재, 기계재, 총대, 조각재로 쓰이며, 마루의 가장자리나 창호의 울거미 등에 썼다.[3]

참나무

낙엽활엽수로 갈참나무, 굴참나무, 물참나무, 졸참나무 등 도토리가 열리는 나무들이 전부 참나무에 해당한다. 중부 이남지역에서 자라며, 변재는 희고, 심재는 적갈색으로 눈매가 크고 무늬결이 또렷하다. 나이테가 선명하고 무겁고 단단하여 가구, 선박 등에 쓰이긴 하지만 건조과정에서 잘 갈라지는 특징 때문에 건축에서도 산지, 촉 등의 특수 용재에 사용하고, 창호제작에서도 살과 울거미보다는 쐐기나 촉, 나무못 등에 한정하여 썼다.

오동나무

경기이남 지방에 밀집하여 자생하는 활엽수이며, 생장이 빠르고 변재는 흰색, 심재는 백갈색이다. 목질은 무르고 연하며 갈라지거나 뒤틀림이 적고 가볍다. 눈매가 크고 여름과 겨울에 형성된 나뭇결의 차이가 뚜렷해 인두로 지져 무늬를 도두는 낙동기법에 적합하여 전통·가구의 질감표현에 즐겨 썼다. 함, 서랍, 책장, 농가구의 측면, 내면, 뒷널 등에 주로 쓰이며, 거문고나 가야금 등 악기를 만들 때도 쓴다. 과거 창호 제작에서는 청판으로 썼다고 하나 지금은 사용 빈도가 낮다.

02 제작도구

창호 제작에 사용되는 도구는 일반 소목용 기본도구와 크게 다르지는 않지만 몇몇 창호제작에만 주로 쓰이는 도구들이 있으며, 장인들이 필요에 따라 개인적으로 제작

창호 제작도구

하여 쓰는 도구들이 있다.

측정도구

각종 자　　● 평자, 기역자자, 흘럭자, 곱자 등 각종 자들을 이용하여 치수를
재거나 원하는 각도로 먹줄을 칠 때 사용한다. 특히 창울거미는 연귀맞춤을 주로 하
기 때문에 직각이 아닌 45도, 30도 등의 예각을 잴 수 있는 연귀자를 많이 쓴다.

콤파스　　● 단위문양의 간격 등을 맞추어 재단할 때 요긴하며, 목재의 규모
에 따라 다양한 크기의 콤파스가 사용된다.

그무개　　● 목재 표면에 일정한 간격으로 치수를 표시하거나 평행선을 긋
는데 사용하는 연장으로 줄긋기 그
무개, 쪼개기 그무개로 구분된다. 줄
긋기 그무개는 '촉쟁이그무개', '치
목긋기칼', '금쇠', 또는 '촌목' 이라
고도 불린다. 정사각형이나 사다리
꼴의 나무 가운데를 네모지게 뚫고
그곳에 나무막대를 끼운 형태로 나
무막대에 금을 긋고자 하는 수만큼
얇은 못이 나오도록 만드는데, 요즈
음은 바늘이나 못 대신 연필이나 볼

그무개

펜을 끼워 쓰기도 한다. 쐐기를 이용하여 원하는 치수만큼 못의 위치를 조절한 뒤 선을 긋고자 하는 면에 못이 닿도록 하고 고정시킨 목재의 모서리를 따라 당기면 못자국 대로 금이 그어져 정확하게 같은 규격을 여러 개 재단해 낼 수 있다. 혹은 콤파스처럼 돌려 원을 그리거나 따내는데 쓰기도 한다. '쪼개기 그무개'는 못 대신 칼날을 박아 넣어 얇은 나무판을 쪼갤 수 있다. '쪼갬금쇠'라고 부르기도 한다. 그무개는 장인이 용도에 맞게 자체적으로 제작해서 사용하는 경우가 많다.

치목도구[4)]

톱 ● 목재를 자르는데 사용하는 도구로 가공하고자 하는 재료의 재질과 가공방법, 가공하고자 하는 부분의 형태, 크기 등에 따라 다양한 종류의 톱이 사용된다. 크기에 따라 대톱, 중톱, 소톱으로 나누며, 사용방법에 따라 나무널을 켜는 켤톱(인거톱, 引鋸), 토막을 내는 자름톱(短距) 등이 있다. 우리나라 전통톱은 원래 탕개톱이지만 요즘 일반적으로 사용하는 나무자루가 달린 톱은 '왜톱'이라고 불리는 일본에서 유입된 것이다. 전통톱은 밀어쓰는 날이었지만 왜톱이 들어오면서 인거톱이나 활톱, 쥐꼬리톱을 제외하고는 대부분 당겨쓰는 방식으로 바뀌었다. 특히 원목을 켜거나 자를 때 사용하는 인거톱 일을 전문적으로 하는 사람을 '인걸쟁이(인거장)'라고 하는데, 요즈음은 대부분 기계작업에 의존하기 때문에 점차 사라져 가는 것 중 하나이다.

창호를 제작할 때는 크기가 다른 톱 뿐 아니라 날이 양쪽으로 나 있는 양날톱, 한쪽만 날이 나 있는 외날톱, 톱양의 한쪽으로 보강대인 등쇠를 붙여서 세밀한 가공을 할 때 쓰는 얇고 좁은 등대기톱, 크고 긴 홈을 낼 때에 사용하는 홈켜기톱, 실톱 등 용도에 따른 다양한 톱이 사용된다.

대패 ● 목재의 결을 매끈하게 다듬거나 필요에 따라 여러 가지 모양으로 깎아내기 위해 사용하는 치목의 기본 도구 중 하나로 '포(鉋)', '글게' 라고도 부른다. 장방형의 대패집에 구멍을 뚫고 적당한 날을 끼워 일정한 두께와 모양으로 나무를 깎아내는데, 깎고자 하는 목재가 빠지지 않도록 어른 허리높이의 대패틀 위에 '양판' 이라고 하는 나무판대기를 대고 그 위에 목재를 얹어 고정시킨 다음 깎는다.

날이 하나만 끼워져 있는 것을 홑대패, 또는 홑날대패라 하고, 외겹날 위에 날을 하나 더 끼운 것을 겹대패, 혹은 덧날대패라 하는데, 우리나라 전통 대패는 대부분 홑날로 되어 있으며 대부분이 밀면서 깎도록 되어 있는 밀대패이다. 그러나 홑날대패는 목재 결의 반대방향이나 물결모양의 결, 옹이 등은 쉽게 밀수가 없고 결의 모양에 따라 밀어야 하는 불편함이 있다. 또한 대패를 밀어 사용하는 경우 힘은 덜 들지만 섬세한 가공이 힘들다. 반면 덧날대패는 깎이는 즉시 덧날에 밀려나오기 때문에 엇결이 졌어도 곱게 깎을 수 있으며, 당겨서 사용할 경우 힘이 약간 더 들지만 섬세한 가공이 훨씬 수월하다. 이런 점 때문에 일제강점기 때 당겨쓰는 덧날대패가 일본에서 유입되면서 우리 전통의 밀어서 쓰는 홑날대패가 밀려나 오늘날에는 일본과 같은 구조인 당겨쓰는 겹날대패가 대종을 이룬다. 대패의 용도에 따라 막대패(초련대패), 재대패(중대패, 중간대패), 잔대패(마름질대패, 다듬이질대패, 치장대패)로 나뉜다. 또 모양과 기능에 따라 평면을 가공하는 평대패, 장대패, 짧은 대패, 소대패, 곧날대패, 실대패와 홈을 파내는 홈대패가 있다.

특수한 대패 중 변탕대패(邊鎯)와 개탕대패(開鎯), 쇠시리 대패, 살밀이 대패는 소목 뿐 아니라 창호 제작에 꼭 필요한 대패이다. 변탕대패는 대패바닥을 한쪽으로만 턱지게 만든 대패로 창살이나 기둥 등의 모접기나 면접기 모양을 낼 때 사용하고, 개

탕대패는 대패바닥을 양쪽으로 턱이 지게 만들어 미닫이나 미서기 창문틀의 홈줄을 팔 때 사용한다. 개탕대패로 홈줄을 파고나면 옆훑이 대패로 옆면을 마무리 한다. 쇠시리대패는 기둥, 분살, 창울거미, 살대 등의 면이나 모서리를 쇠시리하는데 쓰이는데, 모서리에 모양을 넣도록 하는 것을 모끼, 혹은 목귀라 한다. 특히 살대의 외형을 만드는 살밀이 대패는 살대 표면을 밀어 살대 자체에 여러 가지 모양을 낼 때 사용하며, 만들어지는 모양에 따라 외사, 쌍사, 쌍알 세알모끼, 투밀이, 배밀이, 등밀이, 골밀이, 평밀이 대패가 있다.

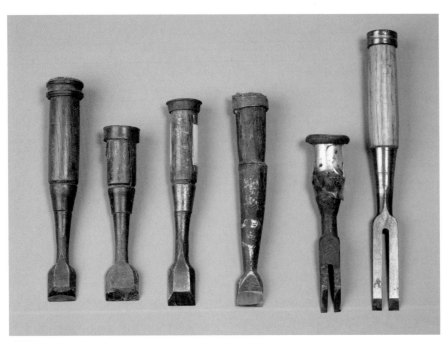

각종 끌

　끌　● 나무에 구멍을 뚫거나 촉을 만드는데 사용하는 도구로 좁고 긴 쇠봉의 한 쪽 끝에 날을 세우고 반대쪽 머리를 망치로 때려 사용한다. 조각도 보다 날의 크기가 더 크고 한쪽으로만 날이 세워져 있어 끌로 쳐낸 나무가 밀려나갈 수 있는 구조이다. 날은 다른 말로 '주리'라고 하는데, 용도에 따라 모양과 폭이 다양하다. 날의 형태에 따라 평끌, 통끌, 둥근끌, 때림끌, 손밀이끌, 가심끌, 오늬끌, 인두끌, 둥근끌 등이 있으며, 특히 쌍장부끌은 때림끌을 두 개 붙여놓은 것처럼 날이 두 갈래로 되어 있어 같은 크기의 홈을 동시에 팔 수 있다. 원래 조선시대의 끌은 나무자루 없이 통쇠로 만들어져 '끌방망이'라고 하는 나무망치로 때려서 사용하였지만 요즈음은 대부분 '왜끌'이라고 해서 일제강점기 중 일본으로부터 유입된 나무자루가 달린 끌과 쇠망치를 사용한다.

망치 ● 물건을 두드리거나 반복해서 치는 데 사용하는 도구로 손잡이와 머리 부분으로 구성되어 있다. 망치 머리는 보통 금속으로 만들지만 나무로 만들기도 하는데 그 모양과 무게, 재질에 따라 용도가 다양하다. 특히 머리의 때리는 부분의 크기, 각도, 모양, 용도에 따라 매우 세분화되어 있다.

창호제작에 있어서는 끌 작업을 하거나 큰 조각도를 다룰 때 사용하는 끌방망이 외에도 목재를 다듬거나 맞춤을 할 때 머리모양이 평평하고 무게가 실린 망치가 반드시 필요하다.

조각도 ● 나무에 글자나 문양을 새기거나 조각할 때 사용하는 도구로 작은 칼날이 손잡이 자루에 끼워져 있다. 칼날의 모양에 따라 평칼, 창칼, 원칼, 삼각칼 등으로 나눌 수 있지만 용도에 따라 칼날의 모양이나 자루 모양이 다양하다. 또 손으로 밀어 쓰는 것이 대부분이지만 끌망치 같은 망치로 쳐서 작업하는 것이 있는데, 날의 폭이나 각도 등에서 끌과는 차이가 있다. 조각장(彫刻匠) 또는 각수(刻手)들이 주로 사용하는데, 다양한 조각칼을 필요에 따라 스스로 만들어 사용하는 경우가 많다. 창호제작에 있어서는 장부구멍을 팔 때 사용하기도 하지만 주로 꽃살 문양을 조각할 때 다양한 날의 조각도를 사용한다.

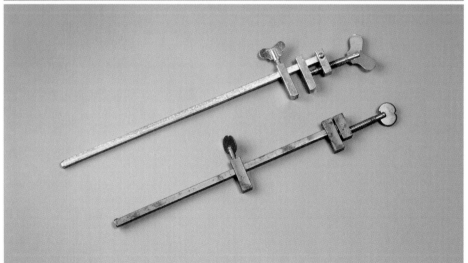

조임쇠(클램프) ● 작은 물건을 가공할 때 작업을 용이하게 하기 위해 고정하는 장치를 말한다. 창호제작에서는 가로살대와 세로살대의 턱을 따내거나 홈을 팔 때 사용하는데, 한 대씩 하지 않고 한번에 작업하기 위해 살들을 모아서 조임쇠로 조여 움직이지 않게 고정시킨 후 작업한다.

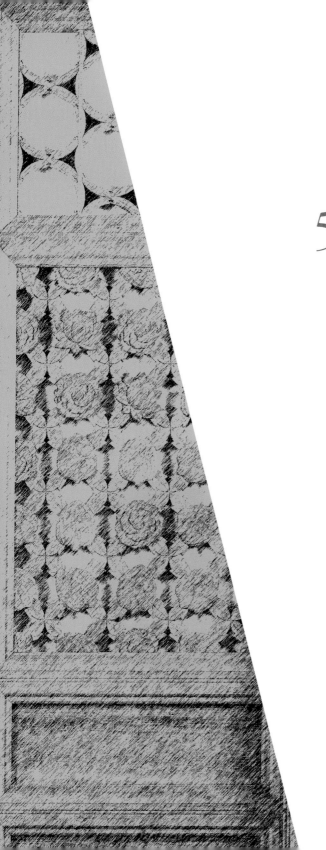

5 전통 창호의 제작과정

전통 창호의 제작은 일반 소목일과는 다르다. 가구 등과 같이 단순히 종류와 크기, 수량만을 고려해서는 안되고, 제작하려고 하는 창호가 어떤 건축물의 어느 부분에 달릴 창호인지, 즉 대상 건물의 입지와 좌향, 규모, 구조, 용도 등을 면밀히 파악한 후 설계·제작에 들어가야 하며, 제작이 끝난 창호를 건물에 완벽하게 들어맞도록 시공하는 일까지 창호장이 주관한다. 따라서 전통 창호의 제작은 크게 설계과정과 제작과정, 박배과정으로 나눌 수 있다. 이 책에서는 조찬형 창호장의 띠살창과 꽃살창 제작과정을 중심으로 살펴보았다.[1]

01 띠살창호의 제작과정

설계

창호를 제작할 때 가정 먼저 해야 할일은 철저한 현장조사를 통해 제작할 창호의 종류와 수량을 결정하는 일이다. 특히 우리 전통창호는 종류와 형태가 다양해서 개폐방법, 사용위치, 용도, 구조, 기능, 살의 모양, 형태, 울거미의 종류 등에 따라 분류한다. 따라서 각 창호가 달릴 실의 기능과 사용자를 고려하여 창호의 종류를 결정하는데, 사용자의 성별에 따라 사용하는 창호가 다르기도 하고 기능에 따라서 같은 종류의 창호라도 변화를 줄 수 있기 때문에 많은 창호의 종류와 형태 가운데 가장 알맞은 종류와 형태를 결정한다.

또한 창호는 채광과 함께 외관을 동시에 고려해야 하기 때문에 실내로 유입되는 빛의 양, 실내조도 등을 고려하여 각 창호의 종류, 살의 간격, 깊이 등을 결정해야 한다. 특히 살창에서 살의 간격이 너무 좁으면 답답하고, 너무 넓으면 엉성해 보이기 때문에 장인의 경험에 따라 적당히 간격을 조정해야 하는 것이다. 때문에 창호의 기본 설계 과정에서 장인의 역량과 안목이 잘 드러나게 된다. 창이라는 기능과 창살로 이룰 수 있는 美의 조화가 얼마나 잘 이루어지도록 설계와 제작을 하는 지가 관건이기 때문이다. 이처럼 철저한 현장조사와 실측이 끝나면 이를 토대로 설계도면을 작성한다.

띠살창은 울거미 속에 얇은 살대를 가로 세로로 짜맞춘 창호로 가장 기본적인 창살형식이다. 세로살은 꽉 채우고 가로살은 위아래와 중간에 3-7가닥을 끼우도록 설계한다.

창호 제작

재료 준비 ● 과거에는 창호를 제작하기 위해 목재를 선택하고 숙성시켜 치목하는 모든 과정을 스스로 담당했지만, 오늘날에는 목재상을 통해 구입한 규격화된 목재로 창호의 부재를 만드는 일에만 집중하고 있다. 울거미와 창살용 목재, 각종 도구 들을 준비한다.

울거미 만들기 ●

① 울거미는 결이 촘촘하고 수직면으로 자른 각재를 사용하는데, 옹이가 있으면 내구성과 강도가 약하고 가공이 쉽지 않으며 시간이 지나면 옹이부분이 이탈할 수 있기 때문에 옹이가 없는 각재를 선별한다. 아무리 잘 건조된 목재라도 대개는 조금씩 휘

어져 있거나 비틀려 있기 때문에 대패를 이용하여 매끈하게 다듬은 후, 좌우와 상하 부재의 치수를 정확하게 마름질 한다.

② 선대와 윗막이, 중간막이, 아랫막이 울거미에 도안대로 장부구멍과 숫장부의 위치를 정확하게 표시한다.

③ 먹금이 그어진 위치에 끌을 이용해 장부구멍을 파내고, 톱을 이용하여 숫장부촉을 제작한다. 울거미를 짤 때 가장 중요한 것이 장부를 켜는 작업이다. 장부는 조금의 오차라도 있으면 제작 후에 창호 전체가 비틀리거나 결구부분이 맞지 않고 심하면 울거미가 터지게 된다. 울거미의 숫장부를 만들 때는 암장부의 긴 변 방향으로 장부구멍보다 약 1mm~1.5mm 정도 길게 만들어야 한다. 울거미를 결합할 때 끌밥 등이 완전하게 밀려나오며 울거미 끼리의 맞춤이 튼튼하게 물릴 수 있기 때문이다. 울거미는 제작할 창호의 치수보다 위 아래로 약 1치 이상으로 암장부의 장부구멍에서 약 2치 이상을 남겨 잘라야 한다. 그 이유는 숫장부와 맞춤을 할 때 목재의 결에 따라 끝 방향으로 갈라짐이 생길 수 있고, 미닫이나 미서기 형태의 창호에서는 홈대에 세로 울거미를 닿게 하여 마찰에 의한 창호의 수명을 늘릴 수 있다.

④ 쇠시리대패로 울거미 부재의 모서리를 쇠시리치기 하여 창울거미의 모든 모서리를 둥글린다.

⑤ 쌍사등밀이대패로 울거미부재의 전면을 밀어 밋밋한 평면에 요철문양을 잡아 미감을 더한다.

⑥ 울거미의 모서리를 톱과 끌을 이용해 연귀짜임 형식으로 만든다.

1	2
3	5
4	

1_ 각재 다듬기
2_ 울거미에 장부구멍 파내기
3_ 울거미에 쇠시리치기
4_ 울거미에 쌍사등밀이치기
5_ 연귀짜임 만들기

창살제작 ● 창살을 제작할 때는 먼저 도면에 따라 살 나누기를 한다. 각종 창살의 살을 알맞은 비례에 따라 나누는 것은 창호의 외관과 기능에 결정적인 역할을 한다. 각각의 살의 특징에 따라 살 간격을 조정해야하는데, 간격을 얼마로 잡느냐에 따라서 살의 두께, 개수, 실내에 유입되는 빛의 양이 달라지기 때문에 장인의 경험과 안목이 매우 중요하다.

한편 살의 규격을 정할 때 주의할 점은, 살의 깊이가 울거미의 두께와 같게 하여 창호지를 발랐을 때 평평한 면을 유지 할 수 있게 해야 한다는 점이다.

① 규격대로 자른 살대의 양면을 매끈하게 대패질 한 후, 도안대로 컴퍼스와 그무개를 이용하여 살의 간격과 두께를 정확하게 표시한다.

② 살밀이대패를 이용하여 살대의 모양을 낸다. 살밀이대패는 창살에 여러 형태의 요철을 넣어 모양을 내는 대패로 날 모양에 의하여 살의 모양이 결정되는데, 주로 투밀이, 등밀이, 평밀이대패를 사용한다.

투밀이형은 살대의 윗면은 원형, 아래는 네모형이고, 배밀이형은 위와 아래가 같고, 평밀이형은 아무런 모양을 내지 않고 매끈하게 다듬기만 한다. 그 중 투밀이가 가장 격이 높은 건물 창호에 쓰여 왔고 창호장 조찬형도 주로 투밀이를 하고 있다.

③ 살밀이를 끝낸 창살에 가로살은 업힐장, 세로살은 받을장이 되도록 반턱을 만들 위치를 표시한다. 살창에서 사용하는 살들은 대부분 받을장, 업힐장으로 하는데, 대부분 가로살대가 세로살 위에 업힐장으로 들어간다. 소슬살과 꽃살 등에서는 세로살이 위로 오는 경우가 있으나 살창을 구성 할 때는 세로살은 아래로, 가로살은 위로 오도록 한다.

③ 미리 나누어 놓은 규격대로 톱과 끌, 조각도로 따내어 반턱을 만드는데, 한 치의

평밀이　　　　　배밀이　　　　　투밀이

1	2
3	4
5	5
6	7

1_ 울거미의 장구구멍에맞춰 살나누기　　　2_ 살밀이 종류

3_ 투밀이살 만들기　　　　　　　　　　4_ 가로살 반턱 따내기

5_ 세로살 반턱 따내기　　　　　　　　　6_ 살대 홈파기

7_ 완성된 가로살

오차 없이 정교하게 따내야 한다. 살대들을 조임쇠로 고정 시킨 뒤 한꺼번에 따낸다.

④ 살대의 교차점에 꼭 들어맞도록 살대모양대로 홈을 파준다. 살대에 물을 축인 후 작업하면 좀 더 용이하다.

⑤ 톱과 끌을 사용하여 살대의 양끝에 장부촉을 규격보다 한 치 정도 길게 깎아 낸다.

⑥ 창호의 모양과 크기에 따라서 필요한 수량만큼 제작한 살을 준비한 후 살의 조립과정으로 들어간다. (살은 부재가 얇고 울거미보다 약하기 때문에 휘거나 부러질 수 있으므로 살을 제작한 뒤에는 창호의 조립 전까지 묶어서 보관하거나 정돈하여 쌓아 놓는다.)

창살의 조립

① 완성된 가로살과 세로살을 제자리에 놓고 망치로 두들겨서 살맞춤을 한다. 이때 어느 한쪽부터 차례로 끼우는 것이 아니라 상, 중, 하 세부분으로 나누어 한 대씩 끼워나간다.

전통 창호는 못을 사용하지 않고 맞춤만으로 고정이 되어야 하기 때문에 나중에 헐거워지지 않도록 빈틈없이 턱을 따낸다. 따라서 창살을 조립할 때 너무 빡빡해서 잘 들어가지 않거나 갈라지는 경우가 있을 것을 대비해서 주의해서 맞춰야 한다. 잘 들어가지 않을 때에는 살대를 물에 적셔서 맞춘다. 물에 적시면 살대의 표면이 부드러워져서 터지지 않고 엇결이어도 잘 들어 갈 수 있기 때문이다.

② 어느 정도 들어가면 살이 부러지지 않도록 나무를 덧대고 망치로 두드리며 완전히 끼워 맞춘다.

1 | 2

1_ 창살조립
2_ 완성된 창살

울거미와 완성된 창살 조립

    살과 울거미의 조립   ● 완성된 살과 울거미를 조립할 때는 먼저 숫장부가 있는 윗막이, 중간막이, 아랫막이 울거미에 살을 끼워 넣는다. 이때 울거미의 장부구멍에 살대의 숫장부들이 고르게 들어가야 비틀릴 염려가 적다. 또한 너무 헐겁거나 너무 빡빡하게 들어가지 않아야 한다.

    울거미 조립

    ① 울거미끼리 조립할 때는 숫장부를 암장부에 끼워 맞추는데 주로 연귀맞춤을 많이 한다.[2] 살을 조립할 때와 같이 맞춤부분을 더욱 견고하게 하기 위해 쌀풀을 바르기

1_ 울거미 조립   1
2_ 장부촉   2

도 한다.

　② 웬만큼 들어가면 나무를 대고 망치로 쳐서 완벽하게 끼워 넣는다.

　③ 특히 숫장부를 한 치 정도 길게 제작하여서 숫장부가 암장부 구멍 밖으로 나오게 해야 하는데, 이는 마무리 할 때 맞춤부분의 틈새에 나무 쐐기를 박아 넣어 보다 튼실하게 결구를 맞추기 위함이다.

　울거미끼리의 조립에서 가장 중요한 것은 모든 살들이 고르게 울거미와 조립되게 하는 것이며 헐겁거나 비뚤어지면 창호 전체에 영향을 주므로 정확하게 직각을 유지하며 물리도록 신경을 써야한다.

쐐기치기

　① 살과 울거미의 조립이 끝나면 창호를 조임쇠로 죄어둔다. 조임쇠로 죄어두는 이유는 창호의 숫장부와 장부구멍 등 맞춤 부분이 자리를 잡을 때까지 잡아주는 역할을 하는 것이다.

　② 울거미의 장부구멍 밖으로 빠져나온 숫장부들을 끌을 이용하여 울거미의 연귀부분으로부터 장부구멍의 폭만큼 약 5푼 정도 갈라주고 여기에 나무 쐐기를 박아준다. 이때 밥풀을 이겨 붙여서 맞춤부분이 더욱 튼튼하고 강하게 물리도록 한다.

　③ 장부촉과 쐐기의 남은 부분을 톱으로 자르고 매끈하게 다듬는다.

다듬기　　　● 제작이 끝난 창호는 울거미의 맞춤부분과 살의 맞춤 부분의 모서리나 쌍사 부분을 다듬어준다. 창호는 정교한 짜임 과정에서 미세한 오차가 발생하기 쉽다. 오차를 줄이고 수정하여 작업의 완성도를 높인다.

1_ 쐐기박기 1
2_ 쐐기박기 1-1
3_ 쐐기 자르기
4_ 완성된 세살창호

박배과정

창호를 현장에서 제자리에 다는 작업을 박배라고 한다. 창호가 완성되는 마지막 과정으로 일반적으로 별도의 공방에서 미리 제작한 창호를 현장으로 옮겨와 달게 되기 때문에 완성된 창호를 결합하고 현장에 맞도록 다듬는 작업이 매우 중요하다. 특히 창호공사의 특성상 작은 오차만으로도 시간이 흐른 뒤에 창호 전체가 뒤틀릴 수 있기 때문에 정밀한 작업이 요구된다.

보정　●　창호장이 완성한 창호를 대목이 짠 창문틀에 완벽하게 들어맞도록 보정하는 과정은 필수다. 창호장은 문 상, 하방이 틀어지거나 높낮이가 맞지 않은 곳은 없는지 확인하여, 틀린 곳은 문틀의 상, 하 인방은 그대로 두고 미리 제작한 창호를 깎아 맞춘다. 보정할 수 없이 큰 오류가 아니면 대목이 짜 놓은 문틀에 손을 대지 않고 창호를 보정하여 맞추는 것이 관례이다.

창호를 달 때는 빡빡하지 않고 약간 여유를 두는 것이 원칙이다. 시간이 지나면서 문틀이 수축과 이완을 하기 때문인데, 이 때 주의해야 할 점은 문상방을 기준으로 하여 문상방 쪽은 거의 밀착시켜 고정을 하고, 밑쪽은 조금 뜨게 달아야 한다는 점이다. 큰 틀은 2~3cm, 작은 틀은 아주 미세하게나마 여유를 둔다. 날씨에 따라 수축이완 작용이 용이토록 해야 되는 점 뿐 아니라 시간이 갈수록 건물과 창호 자체의 무게로 인해 아래쪽으로 처지는 경향이 있기 때문이다. 날씨의 변화나 세월에 따라 문이 처지거나 미세한 변형에 대비하는 것이다. 전통창호를 다는 현장에서도 삶에서 터득된 지혜가 돋보인다.

창호 철물 설치 ● 보정이 끝나면 창문짝에 고정하는 창호 철물과 보강 장식금구를 설치하고 창문틀이나 홈대에 필요한 보강 철물금구를 설치한다.

먼저 창호를 문틀에 고정하는 철물을 돌쩌귀라고 하는데 암수로 나뉜다. 암톨쩌귀는 철판을 둥글게 감아 한쪽엔 구멍을 만들고 반대쪽은 뾰족하게 하여 문설주에 박고, 수톨쩌귀는 암톨쩌귀와 똑같이 만들지만 구멍에 철촉을 박아 암톨쩌귀 구멍에 꽂힐 수 있는 구조로 문짝에 박아 서로 연결한다.

한편 들어걸개문은 위쪽에 돌쩌귀를 박는데 회전이 가능하도록 비녀장으로 한다. 또 들어걸개문에는 걸쇠라고 하여 문짝을 위로 들어 거는 철물이 사용된다. 보통 서까래에 고정시키는데 걸쇠는 끝이 말발굽처럼 생긴 고리가 달려 있어 분합문을 올려놓을 수 있도록 되어 있는 것과 네모난 고리가 달려 있어 각목을 건너질러 고정시키는 두 가지 종류가 가장 많이 사용된다. 돌쩌귀는 달리는 위치나 경사각이 정확하게 박혀야 하므로 미리 돌쩌귀를 설치할 자리와 창호에 설치할 돌쩌귀의 위치를 표시하고, 끌 송곳 등으로 먼저 대강 구멍을 낸 뒤에 박아야 한다.[3]

장식철물 부착 ● 창호를 설치하고 나면 문고리와 배목(排目) 등 장식철물을 박고 마무리 한다. 창호를 여닫을 수 있는 손잡이 겸 걸어 잠글 수 있게 문고리를 단다. 문고리는 고리와 고정시키는 배목, 받침쇠로 구성되는데, 문고리의 형태나 크기는 다양하지만 보통 둥근 원고리가 쓰인다. 배목은 둥근 구멍이 있어 고리를 고정시키는 역할이지만 마주하고 있는 문얼굴에도 달아 맞은편 고리를 끼워 자물쇠 장치를 달거나 비녀장을 가로질러 잠금장치로 쓰인다. 배목을 박을 때는 장식철물을 바탕으로 하는데 네모, 팔모, 원형 등 다양한 형태가 있지만 대개 국화꽃 모양의 받침쇠를 많이 사용

1
2

1_ 돌쩌귀와 손잡이

2_ 문고리와 배목

하여 국화정이라고 한다.[1]

이 밖에 창울거미 모서리에 장식을 겸하여 장부맞춤을 보강하는 새발장식 등 장실 철물을 부착하기도 한다.

창호지 바르기 ● 설치가 끝난 창호에 창호지 등을 붙이는 것은 도배공이나 표구공이 한다.

02 꽃살창호의 제작과정

꽃살창의 제작과정은 기본적으로 일반 살창과 크게 다르지 않다. 구체적으로 살펴보면 창울거미의 형식과 제작, 즉 모접기나 면쌍사치기, 연귀맞춤 등은 일반 살창과 동일하다. 그러나 창살 형식에서 살펴본 바와 같이 살대구성과 조립법에서 차이가 있다. 조찬형 창호장이 실현한 꽃살창의 기본 제작과정을 살펴보면 다음과 같다.

1) ~ 2) 설계과정부터 재료 준비와 울거미 제작과정까지는 살창과 동일하다.

살대의 제작

① 살대 자체에 꽃문양을 조각하는 형식의 꽃살은 먼저 윗 평면에 꽃문양을 도안한다.

1_ 꽃살문양 도안하기 | 2_ 문양대로 오려내기
3_ 조각하기 1 | 4_ 조각하기 2 | 5_ 꽃살조립

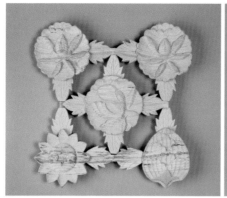

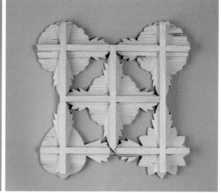

완성된 꽃살 단위문양 1   완성된 꽃살 단위문양 2

② 문양에 따라 살대를 재단한다. 요즈음은 기계실톱을 사용하여 문양 형태에 따라 오려 내기 때문에 작업시간을 단축할 수 있다.

③ 살대에 살의 간격과 두께, 각각의 살대에 끼워 맞출 턱의 위치를 표시한다.

④ 가로살과 세로살, 빗살의 꿰맞춤 순서와 위치에 따라 손톱과 끌을 이용하여 1/3 턱을 만들어 1/3턱 짜임을 준비한다. 다른 살과 마찬가지로 한 치의 오차도 없이 맞아 떨어져야 하기 때문에 정교하게 따내야 한다.

⑤ 도안에 따라 조각도를 이용하여 꽃문양을 조각한다. 이 때 살대에 물을 적시거나 알콜을 적시면 칼이 부드럽게 들어간다. 이 과정에서 꽃문양 조각은 일반적으로 조각장이 전담하는데 장인에 따라 창호장이 직접 하기도 한다.

⑥ 조각된 각 살대들을 순서와 각도에 맞춰서 끼워 맞추면 완성된다.

⑦ 완성된 꽃살창호에는 채색을 하기도 한다. 대개 단청장이 담당하나 때에 따라 창호장이 직접 하기도 한다.

6 창호장의 전승 현황

전통 한식창호를 전문으로 제작하는 창호장은 현재 '창호장'의 명칭으로 지정되지 않고, 국가 중요무형문화재 및 시도지정 무형문화재 모두 '소목장(小木匠)'으로 지정되었다. 원래 대목(大木)이 다루지 않는 창호(窓戶) 및 수장(修粧) 모두 소목의 담당이었으니 크게 잘못되었다고 할 수는 없다. 다만 과거 장색(匠色)의 분류가 당시에도 합당하지 않거나 이름이 여러 가지로 혼용되던 것을 생각하면, 현실에 맞는 정확한 이름을 부여하는 것이 타당하다고 생각된다. 소목장이라는 명칭은 고려시대부터 나타나며, 조선시대에는 목장(木匠)이라고 하였으나 대목장과는 구분하였던 것 같다. 조선 전기까지는 목가구가 주로 왕실이나 상류계층을 위해 만들어졌으나 조선 후기에는 민간에 널리 보급되고 종류도 많아져 지역적인 특성이 현저히 나타나게 되었다.

현재 소목과 관련된 무형문화재는 중요무형문화재 55호 소목장, 중요무형문화재 99호 소반장(小盤匠), 중요무형문화재 108호 목조각장(木彫刻匠), 시도무형문화재 13호 화류소목장(樺榴小木匠)이 지정되어 있다. 이중 중요무형문화재 55호로 지정된 소목장은 가구 분야이며, 창호 분야는 서울시와 경기도, 충청남도에서만 시도무형문화재로 지정되었고, 그 외 창호장 즉 창호 전문 소목장으로 그 기술을 인정받은 이는 이제 손가락으로 꼽을 정도가 되었다. 가장 먼저 김순기씨(71)가 1995년에 경기도 무형문화재 제 14호로 지정, 기능보유인정을 받았으며, 조찬형씨(73)가 1996년에 충청남도 무형문화재 제 18호로 지정되었고, 심용식씨(59)가 2006년 서울시 무형문화재 제 26호로 지정되었다. 이들 중 가장 원로는 조찬형씨이고, 그 다음이 김순기씨, 심용식씨 순이다.

조찬형씨는 1938년생으로 인천의 김건우씨를 사사하였으며 16세 때부터 56년간 창호제작에 전념하고 있다. 김순기씨는 1942년 경기도 안성에서 출생하여 14살 때부터 수원의 이름난 소목장 임배근의 제자 이규선씨에게 창호기술을 배워 지금에 이르고 있다. 서울의 심용식씨는 조찬형씨와 같은 충남 예산 출신으로, 17세 때부터 당시 큰 목수였던 조찬형 창호장에게 10여년간 배우면서 소목으로서의 기본기를 익혔다. 그 후 서울에 올라와 중요무형문화재 대목장 이광규씨와 일을 하던 창호장 최영환씨에게 본격적으로 창호를 배우고 1981년부터 본격적으로 창호제작에 매진하여 현재에 이르렀다.[1]

그러나 안타깝게도 더 이상의 창호장 계보를 세우기는 쉽지 않다. 당대 창호장들의 스승들에 대한 자료가 너무나 단편적이기 때문이다. 이는 앞으로 새로운 자료의 발굴에 기대할 수밖에 없는 현실이며, 더욱 중요한 것은 단절되어 가는 창호장의 전통을 되살려 새로운 전통을 만들어가는 일이라고 생각한다.

02 창호장 조찬형의 생애와 작업

현재 충청남도 무형문화재 제 18호 소목장 기능보유자인 조찬형씨는 1938년생으로 56년째 전통 한식 창호제작에 매진해왔다. 충남 예산 출생으로 지금도 고향인 예산군 덕산면에 공방을 열고 하루에 6시간 이상씩 손수 지은 한옥작업장에서 작업 하고 있다.

그가 목공기술을 배우기 시작한 것은 16살 때로, 가세가 기울어 덕산의 친척집이었던 이강원씨의 목공예공방으로 보내지면서부터였다. 처음엔 생계를 위해 목수일을 시작하였지만 목수일을 시작한지 3년 여 뒤, 절에 올랐다가 오래된 법당문이 못이나 접착제를 일절 쓰지 않았지만 오랜 세월이 지났어도 틀어진 곳 하나 없고, 빈틈도 찾아볼 수 없는 것을 보고

조찬형 창호장

그 매력에 빠져 버렸다고 한다. 이때부터 조찬형씨는 전통 창호를 만드는 스승을 찾아 전국을 헤매며 연구와 제작에 열중하기 시작했다. 그러나 당시 우리나라 전통 한식 창호의 전승이 거의 단절되다 시피하여 체계적인 창호기술을 배우기란 쉽지 않았다. 처음에는 인천에 있던 김우건씨에게서 1959부터 6년간 전통 창호에 대해 배웠다.

이후 1964년에 충남 덕산면에 일신공예사를 세우고 독립적으로 전통 창호를 제작하기 시작하였다. 하지만 그는 이에 머물지 않고 작업하는 틈틈이 전국의 이름 난 스승을 찾아 떠돌며 기능을 거듭 심화시켜 나갔다. 한번은 예산 향천사(香泉寺)의 요사 창호를 제작하게 되었는데, 주지스님이 짓궂게도 조찬형씨의 인내력을 시험하려는 생각으로 그가 창호를 만들어 낼 때마다 다시, '또 다시'를 반복하여 결국 5년째 되는

1_ 작업장
2_ 작업장 내부

날에야 비로소 그의 장인정신을 인정하고 치하해 준 일이 있었다. 시련 속에서도 멈추지 않는 그의 무던한 성격과 전통 창호 제작에 대한 열의를 읽을 수 있는 일화가 아닐 수 없다.

특히 80년도 들어 전통 창호제작 전문가로 그의 이름이 서서히 알려지기 시작할 때쯤 만난 중요무형문화재 대목장 신응수 선생에게서 나무 고르기, 말리기, 짝 맞추기 등 기초부터 다시 배우면서 그동안 전국을 누비며 배워온 전통 창호기술을 완성하였다. 물론 쉽지 않은 과정이었으나 이를 통해 소목 조찬형씨가 창호장으로 거듭나는 계기가 되었다. 이에 대해 조찬형씨는 "뿌리 없는 나무가 어디 있으며, 스승 없는 제자가 어디 있겠느냐?"며 신응수 선생에 대한 고마움을 한시도 잊어 본 적이 없다고 한다.[2] 같은 해 조찬형씨는 신응수 선생이 이끌던 충북 단양의 구인사 대조사전의 창호를 완성하였다. 구인사 대조사전은 목조 건물로는 국내 최대 규모로 높이 27m의 3층 다포집인데, 크고 화려한 법당의 얼굴이라고 할 수 있는 창호를 300년 이상 된 춘양목으로 못 하나 쓰지 않고 완성해 냈다.

이후 전국 사찰의 창호 공사나 복원공사가 있을 때마다 단골로 참여하게 되었고, 1990년대 들어서면서부터는 국내의 굵직굵직한 문화재 수리에도 참여했다. 그는 지금까지 수만 개의 창호를 만들었는데, 이 가운데 경복궁과 하회마을, 구인사, 수덕사의 창호는 같은 분야 내에서도 인정하는 수작이다. 특히 1992년부터 참여한 강녕전, 교태전, 경성전, 연생전, 응지당, 연길당, 함원전, 흥경각, 건순각, 한홍각 및 회랑 등 경복궁 복원공사를 위해서 8년간 창호 6천짝을 만들어 냄으로써 그는 명실상부한 전통 창호장의 자리에 올랐다고 할 수 있다. 이외에도 우리 고건축의 대표들이라 할 수 있는 창덕궁, 안동하회마을, 윤봉길의사 사당, 동춘당, 기림사, 수덕사를 비롯한 국내

1_ 구인사 대조사전
2_ 경복궁 근정전 창호

유명사찰이나 전통건물의 창호의 제작과 복원공사를 도맡아 우리 전통문화 보전에 힘을 보탰다.

특히 마모가 심해 모두들 힘들다고 했던 기림사 대적광전 꽃살문 보수에선 자신만의 비법인 수지칠(樹脂漆)로 2개월 만에 수리를 끝내는 뚝심을 보였으며, 구인사 대조사전의 창호를 제작하기 위해 그는 후대에 길이 남을 문화적 유산을 만든다는 각오로 내소사 등 전통사찰창호를 빠짐없이 현장조사하면서 연구한 끝에 작업을 시작하여, 전통방식 위에 순금칠이라는 새로운 기법을 창안하였다. 이 때문에 '황금문짝을 만든 사람'이라는 별명을 얻기도 했다. 그의 작업이 끊임없는 연구의 과정이라고 할 수 있는 이유이며, 그가 전통제작방식의 맥을 잇고자 하면서도 한편으론 새로운 전통의 창조를 위해서도 고심을 거듭한다는 것을 알 수 있다.

그의 이러한 노력 덕분에 드디어 1996년 충청남도 제 18호 소목 무형문화재로 지정되었고, 곧이어 다음해에는 문화재 수리기능자로 등록되었다(소목장 1788호). 제작의 어려움과 희귀성, 우리의 옛 것을 보존하려는 그의 마음가짐이 그가 충남 무형문화재로 지정된 이유이다. 이에 대해 그는 그저 먹고 살기 위해 이런 일을 한 것이고, 잘 하려고 하다 보니 정성을 쏟게 되었을 뿐이지만 그 동안의 노력이 헛되지 않고 지

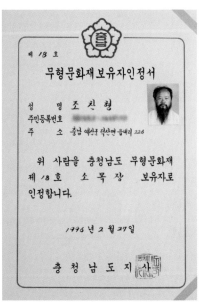

소목장 기능보유자 인정서

정돼 무한한 기쁨을 느끼며, 나아가 전통 문화 전수에 대한 자부심을 갖고 더욱 전통 창호 제작에 전념하게 되었다고 한다.

창호장 조찬형은 우리 전통창호의 매력에 대해 "은은한 달빛이 서린 늦은 저녁, 여인이 다듬이질하는 모습이 창호를 통해 비칠 때 마치 한 폭의 병풍을 펼친 것과 같다"라고 표현한다. 창호를 통해 그가 느끼는 전통의 미감이며, 이러한 미감으로 창호를 대하고 제작한다. 또 전통 창호를 만드는 과정은 그 자체가 정성의 연속이라고 말한다. 나무를 고르는 일에서부터 어느 것 하나 소홀히 해선 안된다는 의미이다.

그가 창호를 만들 때 가장 중요시 여기는 점은 목재의 선택이다. 아름답고 섬세한 무늬의 창호를 만들려면 나뭇결이 잘 살아 있는 좋은 나무가 필요하기 때문이다. 그는 자신이 꽃살을 비롯한 다양한 창살모양을 제대로 표현할 수 있는 것은 춘양목이라는 세계 최고의 목재가 있기 때문에 가능하다고 강조한다.

춘양목은 100년, 200년이 지나도 나무의 결을 그대로 유지할 뿐만 아니라 조직이 치밀하여 아름다운 무늬결과 섬세한 조각이 가능하다. 또한 은은한 향과 빛깔이 오래간다. 춘양목의 가격이 매우 비싸지만 오직 춘양목만을 고집하는 이유이다. 때문에 그의 목재창고 속에는 좋은 나무가 벌채될 때마다 욕심낸 춘양목이 보물처럼 쌓여 있다.

춘양목 외에도 오래된 고옥에서 나온 고재(古材)도 그의 재산이다. 오래된 창호를 보수하거나 복원할 경우 고색창연한 고재를 사용하면 문화재의 가치를 손상시키지 않을 수 있기 때문이다. 그의 손길에서 춘양목의 장구한 불변함이 전통의 맥을 이어가고 있다고 할 수 있겠다.[3]

그가 만드는 창살의 종류는 빗살, 완자, 세살, 연꽃빗살, 국화꽃빗살, 모란꽃육살, 궁중육살, 국화팔각살, 원육살 등 셀 수 없을 만큼 다양한 문살들을 두루 아우르지만 그

중에서도 가장 어렵다는 꽃살창호가 장기이다. 특히 그는 창호를 제작할 때 나이테가 정면으로 보이게 재단하기 때문에 아무런 마감칠도 하지 않고 목재의 원색과 무늬결만으로 표현되는 전통 창살의 자연스럽고도 우아한 미감을 더욱 돋보이게 한다.

또한 다양한 형태의 창호를 못이나 접착제를 사용하지 않고 아귀를 꿰맞춰서 제작하는 전통 방식만을 고수하며 수작업으로 만들고 있다. 너무 헐거워도, 너무 뻑뻑해도 꿰맞춤이 되지 않기 때문에 한 치 한 푼의 오차도 있어서는 안된다. 이처럼 상하좌우 부족하거나 넘침 없이 딱 들어맞게 하기 위해선 수십 년간 흘린 땀과 노력이 필요하다. 그의 창호장으로서의 56년 세월이 빛이 나는 대목으로 이렇게 만든 창호는 오랜 시간이 지나도 변형되지 않는다.

그가 일반 살창 한 짝을 만드는 데는 3~4일이 걸린다. 그리고 일일이 꽃모양을 조각하는데 품이 많이 드는 꽃살은 창호 한 짝을 완성하는 데 20여 일이나 걸린다. 일반적으로 재단이 끝난 목재에 틀 구멍을 만들고, 기법에 따라 창살을 조각해(살을 탄다고 표현한다) 조립한 후, 창틀의 모양새가 어느 정도 갖춰지면 살이 틀 구멍에서 빠지지 않도록 쐐기를 박고 대패로 매끈하게 다듬는데 이로써 창호의 제작은 마무리가 된다. 공정은 간단해 보이나 그야말로 손때가 시꺼멓게 묻어야 완성이 된다. 20일을 꼬박 매달려서 작업하는 모든 공정이 수작업으로 이루어질 뿐 아니라, 손길 하나하나가 장인의 수십 년 내공에서 나오는 것이기 때문에 제작방식을 안다 하더라도 아무나 할 수 없다. 한 치의 오차도 허용하지 않기 때문에 어느 한 순간도 마음을 놓을 수 없는 것이다. 특히 다른 창호장들이 꽃살에 사용되는 꽃을 조각장에게 맡기기 마련인데 조찬형씨는 오랜 제작경험과 더불어 뛰어난 조각솜씨를 가진 탓에 모든 꽃을 스스로 조각한다. 모든 공정을 혼자 해내는 것이다. 작업과정을 보면 그의 손과 조각칼이 하나가 되어 한 송이, 한 송이 꽃을 피워내는 것 같다.

자신의 작업에 대해 그는 "처음엔 그저 먹고 살기 위해 시작한 일이지만 잘하려고 하다 보니 정성을 쏟게 되는 것이죠. 정교하고 섬세한 작업이기 때문에 마음이 흐트러지면 그 어떤 나무도 창호로 태어날 수 없어요. 마음을 다듬듯 나무를 다듬고, 다른 사람과 마음을 맞추듯 창호의 아귀를 맞춰온 세월이었습니다. 창호 만들기는 내게 더없이 훌륭한 '마음공부'였던 셈이죠."라고 말한다.

이제는 나무를 보면 한눈에 그것의 재질과 생명력을 파악하여 그에 맞는 창살을 제작하는 경지에 이르렀다. 마치 나무의 소리를 듣는 듯하다. 아마도 그의 호인 목음(木音)이 이런 뜻이 아닐까?

03 창호장 조찬형의 전수현황

창호장 조찬형은 1999년에는 사재를 털어 지금의 작업장 옆에 전통창호와 가구를 전시한 창호박물관을 건립하였다. 사라져가는 전통목조건물의 아름다운 창호를 후손들에게 접할 수 있도록 해주고 싶었노라고 했다. 고풍스런 한옥 전시관에는 춘양목에서 뿜어져 나오는 은은한 솔내음이 가득찬 가운데 직접 제작한 각종 꽃살창과 살창 등 전통 창호들과 고가구, 연장, 목공예품들로 빼곡하다.

더욱이 이곳에 오는 학생들이나 일반인들이 전통 창호 제작과정을 알 수 있게 제작

| 1 |
| 2 |

1_ 전시관 외부
2_ 전시관 내부

단계별 샘플 부재들을 친절히 전시하고 있다. 후학들에게 참고가 될까 싶어서라고 하는데, 사라져가는 전통창호를 알리고 후세에 계승시키고자 하는 노력을 엿볼 수 있다. 이에 대해 그는 "전통창호 기술을 습득하려면 기본적인 것만 익히려 해도 최소한 10년이 걸려요. '다음 세대'를 길러내고 싶지만, 쉬운 일이 아니라는 걸 잘 압니다. 고작 20평밖에 안 되는 공간이지만, 사재를 털어 창호박물관을 만든 건 내가 죽더라도 누군가 이곳에 와서 그 맥을 잇기를 바라는 마음에서였어요."라고 했다.[4]

전시관 옆의 한옥 작업장 벽면에는 세월의 흔적을 고스란히 간직한 대패 톱, 끌, 이름모를 연장까지 수백여 점이 가득하다. 이 연장 또한 후세에 계승시키겠다는 생각임은 물론이다.

전시회도록

이와 같은 전통창호 전승에 관한 관심과 노력은 그를 창호장으로서는 처음으로 대학강단에 서게 만들었다. 초등학교도 다니지 못하고 주린 배를 채우기 위해 문짝을 만들기 시작했던 창호제작자가 인천 가톨릭대와 한양대 공예과, 서울중요무형문화재전수회관 등에서 학생들을 가르쳤다. 강단에서 학생들에게 주문하는 것은 좋은 제자들이 많이 나와 전통창호의 명맥을 이어주었으면 하는 바람과 동시에 자신이 매진해 온 것처럼 후학들도 끝까지 최선을 다하는 사람들이 되라는 것이다.

2001년에는 종로구 관훈동 백송화랑에서 전통창호 개인전을 열었다. 창호 전시회로는 국내 최초였으며, 이전까지 창호만으로 전시회를 열 수 있으리라는 생각은 누구도 하지 못했었다. 꽃을 주제로 한 이 전시는 독창적인 기술과 장인정신으로 품격 높은 전통기법과 멋을 꽃살창호에 잘 담아냈다는 평가를 받았다.

이를 바탕으로 2003년 세계 30여개국에서 온 박물관장들에게 한국 전통창호의 정교한 아름다움을 선보였으며, 그가 제작한 경복궁 창호가 일본 NHK 방송사에서 특집방송으로 다뤄지면서 세계 여러 나라에 한국 창호에 대한 깊은 관심을 이끌었다. 현존하는 문화를 잘 보존해 대물림 하는 것이 민족적 과제라는 사명의식 속에서 혼을 불어 넣어 제작하고 있는 모습과 우리 민족의 정신이 담겨있는 정통기법과 미의식을 칭송하고 있어 우리 문화를 알리는데 큰 역할을 하고 있다. 이처럼 창호장 조찬형은 자신의 작업을 통해 전통의 계승과 발전, 그리고 문화사절의 역할을 다하고 있다. 그렇지만 아직 이루지 못한 꿈도 계속 실현 중이다. 그것은 바로 전통창호를 이어갈 후배양성과 지금의 창호박물관을 증축하여 창호 전수관 및 전시관으로 활용하여 전통창호에 대해 알리고 이를 통해 전통을 보존, 전승시키고자 하는것이다. 그곳에서 후학을 양성하고 전통 기술을 전파하는데 여생을 바치다가 때가 되면 국가에 기증하겠다고 말한다.

그리고 제자들에게는 기술의 전수뿐 아니라 맑은 마음 갖기를 강조하면서 혹독하게 교육시킨다. 품성이 맑고 소박하면서도 나름대로의 고집도 갖춘 자라야 만이 일에 있어서도 생명력이 오래 유지될 수 있다고 생각하기 때문이다. 그는 이러한 품성을 지닌 후계자들이 많아지길 기대하고 있지만 좀처럼 후계자가 늘지 않는다. 한때 15명까지 후계자를 양성했으나 대부분 수입이 좋은 타직종으로 전업하고 지금은 몇 명 남아 있지 않다. 이는 전통 창호의 제작 기술 전수가 쉽지 않을뿐더러 창호의 수요 또한 많지 않기 때문이다. 심용식씨 뿐 아니라 이태호(50, 77년도부터 전수), 이병현(49, 82년부터 전수) 등은 전수 후 독립하였으며, 현재 그의 곁은 김수돈(53, 1971년부터 전수), 정봉모(45, 1990년부터 전수)씨가 지키고 있다. 또 최근 서울에서 강의를 하면서 얻은 제자로 서울과 예산을 오가며 전수중인 이성기, 임종우(43), 심상무(51) 등이 있다. 가족 중에는 아직 전수자가 없지만 아들이 전수를 계획중이라고 한다.

최근에는 작업실 초입에 사저로 지은 '옥계산방(玉溪山房)'을 개방하여 전통 찻집이나 음식점으로 만들어 창호박물관과 함께 전통 먹을거리가 어우러진 문화관광지

옥계산방

로 만들려는 계획도 갖고 있다. 일흔이 넘은 명장의 일에 대한 열정과 사명감은 끝이 없는 것 같다.

이렇듯 현대화로 변해가는 건축양식 속에서도 점차 사라지는 전통창호를 고집하며 꿋꿋이 장인정신을 지켜낸 그와 같은 명장들이 있기 때문에 전통창호가 지금까지 수백, 수 천 년 동안 우리 문화재를 지켜왔듯이 앞으로도 그럴 것이라고 생각된다.

04 창호장 조찬형의 약력

1938년	충남 예산 출생
1953년	충남 예산 덕산 이강원 공예사 입문
1959년 ~ 1964년	인천 김우건씨로부터 전통창호 제작기법 전수
1964년	일신공예사 설립(충남 예산군 덕산면)
1985년	대목 신응수 선생 사사
1996년	충청남도 제 18호 소목 무형문화재 지정
1997년	문화재 수리기능자 등록(소목장 1788호)
1999년	창호박물관 건립 (충남 예산군 덕산면 읍내리)
1999년	인천 가톨릭대, 한양대 공예과 겸임교수
2001년	전통창호 개인전(백송화랑)

주요작품

1973년	강화도 보문사 요사 창호제작
1977년	예산 향천사 요사 창호제작
1979년	안양 석남사 법당 및 요사, 천안 각원사 요사 창호제작
1981년	충남 수덕사 명부전 및 요사 창호제작
1983년	대전시 복전암 법당 창호제작
1984년	부산 삼광사 법당 창호제작
1985년	충북 구인사 법당, 대구 광덕사 법당, 마산 삼학사 법당
1986년	전북 봉동읍 전주이씨 사당, 부산 혜원정사 법당 창호제작
1987년	부산 해운정사 법당, 영주시 석윤선원 법당 창호제작
1988년	부산 삼광사 요사 및 회관, 울릉도 해도사 법당 창호제작
1989년	경북 영덕 명삼사 법당, 강원도 도계읍 도덕정사 명부전 및 요사, 진주 월경사 법당 경북 곡성 보성사 법당, 강릉 삼개사 법당 창호제작
1990년	충주 삼충사 법당, 안동 하회마을 유홍우家 창호제작, 안동 남씨 종중 사당 창호제작
1991년	옹천 강룡사 법당, 경기 남양주 내곡리 이형배家, 충북 구인사 요사 창호제작
1994년	경북 영주시 석윤선원 요사 창호제작
1997년	용인 호암미술관 정자각 및 현문 창호제작, 한국 문화재보호재단 평상 및 창호제작
1998년	공주 박동진 판소리 박물관 창호제작
1999년	영주 현정사 법당 및 요사, 성남 청운사 법당 창호제작

2000년	장수 죽림정사 법당 요사 및 교육관 창호제작
2002년	수원 법륭사 창호제작

문화재수리 및 복원

1992-1995년	경복궁 복원공사 참여(강녕전, 교태전, 경성전, 연생전, 응지당, 연길당, 함원전, 흠경각, 건순각, 함홍각 등) 경복궁 근정전, 동궁, 자경전 창호수리
1997년	경주 기림사 대적광전 꽃살문 보수
1998년	경복궁 복원공사 참여 (자선당), 충북 구인사 조사전 창호 제작 설치, 하동 쌍계사 법당 창호 보수
2000년	경복궁 홍례문 권역 창호 복원 공사
2001년	대전 동춘당 창호보수, 안동 봉정사 창호보수, 창덕궁 복원공사
2002년	창덕궁 복원공사
2010년	수덕사 창호보수

ː 미주

1장 전통 창호(窓戶)의 개념

1) 장기인, 『건축구조학』(보성문화사, 1992), 406쪽.

2) 김왕직, 『알기 쉬운 한국건축용어사전』(동녘, 2007), 219쪽.

3) 문과 창호를 서양건축에서는 대문(大門)을 'gate', 지게(戶)를 'door' 로 바라지(窓)를 'window' 와 같이 명확하게 구분하고 있다.

4) 머름은 전통목조건축에서 앉아 있는 사람이 팔꿈치를 구부려 올려놓기 적합한 높이에 위치한 창턱을 말한다.

5) 주남철, 「韓國 窓戶에 關한 研究」, 『韓國文化研究員論叢』 19輯(1972), 50쪽.

6) 이희승, 『국어대사전』(민중서림)

7) 주남철, 『한국의 문과 창호』(대원사, 2001), 15쪽.

2장 전통 창호의 역사

1) 『後漢書』 卷 15 「東夷傳」 馬韓條. …邑落雜居 亦無城郭 作土室形如冢 開戶在上

2) 문화재관리국, 『鳳停寺 極樂殿 修理工事報告書』(1992), 43~46쪽.

3장 전통 창호의 종류와 창살

1) 문짝 전체를 걸쇠에 들어 걸어 공간을 넓게 이용할 필요가 있을 때 사용하는 형식으로 대개 대청 앞이나 대청과 방 사이에 다는 창호를 들어 걸개로 많이 한다.

2) 창호의 윗울거미와 윗창틀에 돌쩌귀를 달아 밑에서 밀어 연 다음 버팀쇠나 받침대를 받쳐놓는 형식으로 받침대를 빼면 벼락같이 닫힌다고 하여 벼락닫이라고도 한다.

3) 높이가 낮고 옆으로 폭이 넓은 창으로 바라지창이라고도 하며, 보통 출입문 위쪽에 단다. 출입문을 기둥에 맞춰 너무 높게 만들면 실용적이기 못하기 때문이기도 하며, 다락의 환기나 통풍 및 일조를 위해 만들어지기도 한다. 필요에 따라 열 수 있게 하기도 하고 붙박이로 만들기도 한다.

4) 채광을 위한 창호로 창호지를 얇게 발라 빛이 반투과되어 방을 밝게 해 준다.

5) 대청과 방 사이 분합은 가운데 광창을 달고 위 아래는 벽지를 발라 빛을 차단하는 형식이 일반적인데 이 광창(光窓)을 연창(煙窓, 連窓)이라 쓰고 불발기창이라고 읽는다.

6) 양쪽에 종이를 두껍게 바른 도듬문으로 빛을 차단하는 역할을 한다. 흑창은 일반적으로 쌍창과 영창에 더해 삼중문으로 궁궐 등에서 사용되었고 민가에서는 사용되지 않았다.

7) 부엌의 벽이나 광의 벽 높은 곳에, 또 대청 전면의 분합문 상부에 가로로 길게 설치하는 창으로 단순한 살창이나 빗살, 아자살, 완자살로 만든다.

8) 올이 성근 비단으로 만든 창을 끼워 사창이라 한다. 대개 방충창으로 사용한다.

9) 영창이나 흑창이 양쪽으로 열려 들어갈 수 있는 가벽을 만든 창호형식으로 두껍닫이라고도 한다.

10) 張起仁, 위의 책, 주남철, 위의 책 참조.

11) 『화성성역의궤(華城城役儀軌)』(정조 24년(1800)) 장락당(長樂堂)에서 '만자영창(卍字影窓)'이라 한 기록과 『경운궁중건도감의궤(慶運宮重建都監儀軌)』에 '완자교창(完字交窓)'이라고 칭한 기록이 있는 것으로 볼 때 본래 완자창, 완자문이라 한 것으로 보인다. 주남철, 위의 책, 97쪽.

12) 『창덕궁수리도감의궤(彰德宮修理都監儀軌)』나 『화성성역의궤(華城城役儀軌)』에 기록된 '사창(斜窓)'이 바로 빗살창호다. 주남철, 위의 책, 99쪽.

13) 주남철, 위의 책, 100쪽.

4장 전통 창호의 재료 및 제작도구

1) 박태근, 「한국건축 살창의 제작기법에 관한 연구」(명지대학교 석사학위논문, 2007), 24쪽.

2) 창호장 조찬형 증언에 의함.

3) 영창과 뒷마루의 가장자리는 가래나무로 만드는데 기름칠을 하여 색깔을 내면 노란 윤기가 나서 아름답게 보인다(金華耕讀記). 서유구, 『林園經濟志』 3 贍用志 卷第二 「營造之具」

4) 국립민속박물관, 『건축장인의 땀과 꿈』(1999); 최공호, 『중요무형문화재 제108호 목조각장』(국립문화재연구소, 2000); 김삼대자·이채원, 『중요무형문화재 제55호 소목장』(국립문화재연구소, 2003); 김왕직, 『알기쉬운 한국건축용어사전』(동녘, 2007) 참고.

5장 전통 창호의 제작과정

1) 조찬형 창호장의 증언과 실연에 의함.

2) 요즈음은 연귀맞춤 등 모서리 성형용 자동 기계가 고안되어 대량생산 하는 현장에서 요긴하게 사용되기도 하지만 전통 장인들은 수작업을 고수한다.

3) 장기인, 앞의 책, 84쪽.

4) 국화정은 못을 박는 곳에 사용하는 장식철물로 난간대를 비롯하여 널리 사용된다.

6장 창호장의 전승 현황

1) 꽃살에 따라 꽃문양을 조각한 후 살대를 제작하기도 하고, 조각하기 전에 살대를 제작한 후 조립까지 한 후에 조각을 하기도 한다.

2) 조찬형 창호장은 심용식씨에 대해 제자들 중 가장 열성적인 제자였으며, 품성이 좋았다고 회고한다.

3) 1985년도에 안동 하회마을 공사현장에서 도편수를 맡았던 신응수 선생과의 만남이 오늘날 그가 이 자리에 있을 수 있도록 이끌었다고 말한다.

4) 요즈음은 목재 수급이 어렵기도 하고, 가격이 비싸 주문자의 요구에 따라 캐나다산 홍송인 '더글라스' 를 사용하기도 하는데, 수입목은 국산 목재와 달리 비바람을 맞히면서 3년을 묵혀서 사용한다.

참고문헌

『後漢書』, 『三國史記』, 『三國遺事』, 『高麗史』, 『營造法式』

『經國大典』, 『朝鮮王朝實錄』, 『林園經濟志』, 『華城城役儀軌』, 『慶運宮重建都監儀軌』,

『昌德宮修理都監儀軌』

국립민속박물관, 『건축 장인의 땀과 꿈』, 1999.

김미현, 「조선후기 주택창호에 관한 연구」, 경기대학교 대학원 석사학위논문, 1998.

김삼대자 · 이채원, 『중요무형문화재 제 55호 소목장』, 국립문화재연구소, 2003.

김왕직, 『알기쉬운 한국건축용어사전』 동녘, 2006.

김정기, 『한국목조건축』, 일지사, 1980.

문화재관리국, 『鳳停寺 極樂殿 修理工事報告書』, 1992.

박일구, 「한국의 절집 문창살에 관한 기록적 연구」, 중앙대학교 대학원, 석사학위논문,
          2006.

박태근, 「한국건축 살창의 제작기법에 관한 연구」, 명지대학교 석사학위논문, 2007.

이희승, 『국어대사전』, 민중서림, 재판.

임성옥, 「조선후기 꽃살창호연구」, 동국대학교, 석사학위논문, 2010.

장기인, 『한국건축사전』, 보성문화, 1985.

_____, 『건축구조학』, 서울, 보성문화사, 1992.

_____, 『한국 건축대계1- 窓戸』, 보성각, 1995.

주남철, 『한국의 문과 창호』. 대원사, 2001.

_____, 「韓國 窓戸에 관한 연구」, 『韓國文化研究員論叢』 19집, 1972.

_____, 「창호」, 『한국민족문화대백과사전』, 한국정신문화연구원, 1991.

최공호, 『중요무형문화재 제 108호 목조각장』, 화산문화, 2000.

한국정신문화연구원, 「창호」, 『민족문화대백과사전』, 1991.

공주 목소장

충청남도 무형문화재 제42호

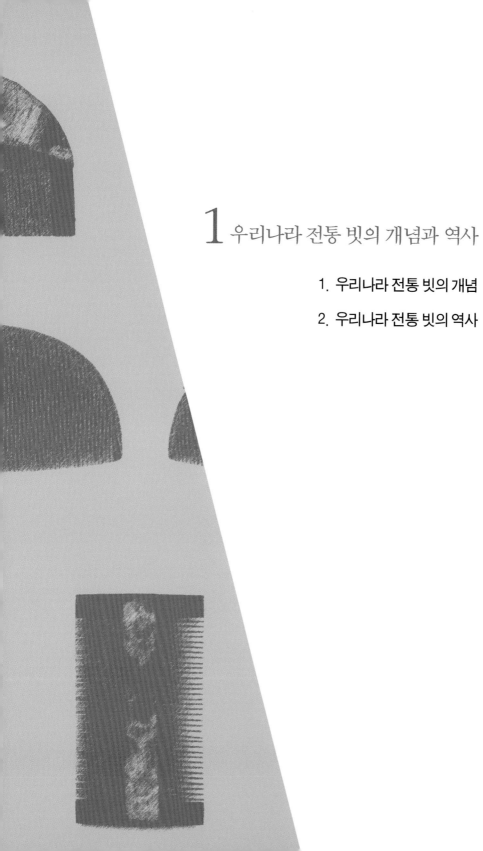

1 우리나라 전통 빗의 개념과 역사

인류 문명의 발달에 따라 자연적으로 복식문화(服飾文化)가 발전해 왔으며, 머리 모양을 가꾸고 장식하는 두발문화(頭髮文化) 또한 복식문화에 수반되었다. 이에 따라 머리카락을 가지런히 빗어 내리는 도구인 '머리빗' 을 비롯한 여러 가지 미용도구와 수식(首飾)의 발달도 필연적이었다. 이는 동서고금을 막론하고 풍성하고 윤기 있는 머리카락은 젊음과 건강, 아름다움을 상징하였고, 나아가 다양한 머리모양은 미(美)와 신분(身分), 위세(威勢) 등을 표출하는 하나의 상징이었기 때문이다.

특히 우리 민족은 예로부터 단정한 차림새, 즉 '의관정제(衣冠整齊)'를 매우 중요시하였고, 이미 고조선시대부터 두발양식(頭髮樣式)을 형성, 발전 시켜왔음을 여러 관련기록과 풍습, 남아있는 유물들을 통해 알 수 있다. 따라서 수발(收髮) 용구인 얼레빗을 비롯한 전통 빗(梳)의 역사도 우리 민족의 역사만큼 매우 오래되었음을 짐작할 수 있다.

우리나라 전통 빗의 개념

우리나라의 전통 빗(梳)은 한자말로 '소(梳)'라고 하며 조선시대에는 '즐(櫛)'이라는 표현도 사용하였다.[1] 주로 나무로 만들어졌기 때문에 빗살이 굵고 성근 일반 빗을 우리말로는 '얼레빗', 한자어로는 '목소(木梳)'라고 부르고 그 제작 장인을 '목소장(木梳匠)'이라고 하였다. 반면 얼레빗보다 빗살이 가늘고 촘촘한 대빗을 '참빗'이라고 하고 한자어로는 '진소(眞梳)', 혹은 '죽소(竹梳)'라고 하였으며, 중국에서는 빗

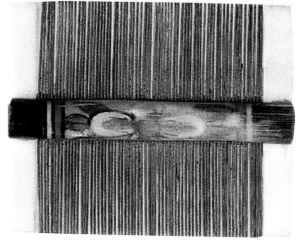

살의 성김에 따라 '소(梳)' 와 '비(比)' 로 구분하였다.[2]

　빗의 가장 기본적인 용도는 머리카락을 빗어서 가지런히 정돈하는 것이다. 단정한 차림을 중요시하는 우리 민족은 매일 아침의 첫 일과를 빗질로 시작하였다.[3] 밤 사이 흐트러진 머리카락을 정돈해 줄 뿐만 아니라 머리카락의 때와 비듬을 제거 해주고, 두피에 자극을 주어 건강 증진에도 도움이 되었기 때문이다. 특히 빗질을 하루에 1,000번 하면 중풍도 예방되고 머리도 세지 않는다고 해서 여인들뿐만 아니라 남자들도 빗질을 중요시 하였다.[4]

필자가 빗에 관련된 자료를 찾던 중 김홍도의 풍속화 〈빨래터〉에서 전통빗과 빗질하는 장면을 발견할 수 있었는데, 그 빗의 형태가 실제 유물들과 일치한다는 점에서 주목된다.

머리카락을 빗는 용도 외에도 우리 선조들은 머리카락을 길고 풍성하게 가꾸기 위

김홍도, 〈빨래터〉부분, 조선후기

해 머릿기름을 바를 때 머릿기름을 빗에 묻혀 사용하였다.[5]

또 머리모양을 고정시키거나 장식하기 위해 머리에 꽂는 용도로 사용하기도 하였다. 특히 유일하게 남아있는 통일신라시대 장식빗(삼성리움미술관소장)은 그 섬세함과 화려함으로 인해 주목되는데, 꺾여진 빗의 형태와 복잡한 수식(修飾)으로 보아 머리장식용 빗임을 알 수 있다. 이와 관련하여 광주 신창동 초기철기시대 유적에서 출토된 목재 빗의 형태가 장식빗의 형태와 유사하며, 발해의 것으로 추정되는 안도동청 4호묘에서 출토된 골제빗이 머리에 얹힌 상태로 발견된 점으로 미루어 정확한 시기는 알 수 없지만 우리 민족이 이른 시기부터 장식용 빗을 사용하고 있었음을 추측할 수 있다.[6]

한편 장식용 빗은 중국에서도 이른 시기부터 발달하여 당대(唐代)에 가장 성행하였음을 당시의 회화와 관련 기록들을 통해 쉽게 살펴 볼 수 있다.[7] 따라서 우리나라의 장식빗도 이른시기부터 사용되어 오다가 특히 통일신라시대 당나라와의 문화교류에 따라 한층 유행하였을 것으로 짐작된다.

이처럼 전통 빗은 다양한 용도로 사용되었으며, 이외에도 빗과 빗질은 우리 민족에게 특별한 의미로도 통용되었다. 일과의 시작이었던 정성스런 빗질은 단순히 머리카락을 정돈한다는 의미에서 나아가 어떤 일을 위해 몸과 마음을 단장하여 임할 준비를 한다는 의미의 일종의 의식(儀式)이었을 것이다. 우리 선조들의 많은 글 중에 보이는 '아침에 일어나 소세(梳洗)하고 …', '소세는 하였는가?', '오랫동안 소세도 아니하고 …' 등의 표현에서 짐작할 수 있다. 그만큼 우리 선조들은 머리 빗는 일을 중요하게 생각했다는 것을 알 수 있으며, 이에 따라 빗 또한 중요하게 여겼음을 짐작할 수 있다.

또한 우리의 전통 빗은 오랜 옛날부터 처녀가 시집갈 때 가져가는 필수 혼수품 중

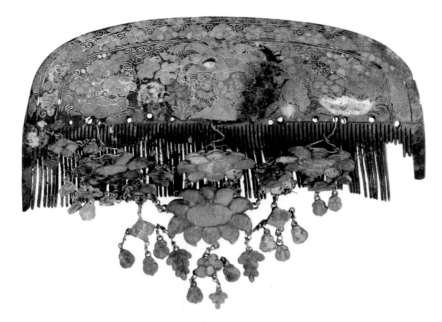

장식빗, 대모, 10.3×4.7, 통일신라시대, 삼성리움미술관소장

장훤, 〈도련도〉, 중국 당대

주방, 〈잠화사녀도〉, 중국 당대

하나였다. 옛말에 '가난하여 빈 몸으로 시집가는 처녀도 허리춤에 빗 하나는 넣어 간다', '얼레빗 참빗 품고 가도 제 복이 있으면 잘 산다'라는 말이 있다. 이 속담에서 알 수 있듯이 빗은 필수적인 혼수품이었으며, 나아가 비록 넉넉지 않은 생활이라 할지라도 머리를 빗고 단정하게 몸 단장을 하는 데는 소홀함이 없었다는 것을 의미한다. 그만큼 한국인의 전통 생활에서 빗은 매우 중요한 생활필수품이었다는 것을 의미한다.

한편 조선시대에는 청혼 때 남자가 준 빗을 여자가 받으면 결혼을 승낙하는 허혼(許婚)을 의미하기도 하였고, 정절의 상징이기도 했다. 그래서 빗을 잃으면 정조를 포기한 것으로 간주하였고, 남편을 잃은 부인은 남편의 관(棺)에 자신이 쓰던 빗을 넣는 것으로 수절을 다짐했으며, 여자들의 무덤에는 생전에 쓰던 빗을 같이 부장해주기도 했다.

결국 우리나라의 전통 빗은 우리 민족에게 단순한 생활 용품 이상이며, 그 내면에 우리의 정신문화까지도 깃들어 있음을 알 수 있다.

02 우리나라 전통 빗의 역사

각 시대에 따라 두발문화가 발달하고 머리모양이 다양해졌다. 이에 따라 빗의 종류, 재료와 제작방법, 쓰임새도 더욱 풍부해졌다. 이 장에서는 우리나라 전통 빗의 역사를 시대별로 살펴보았다.

목제빗,
초기철기시대,
광주 신창동 출토,
국립광주박물관소장

선사시대

우리 민족이 예부터 단정한 차림새를 중요시하였다는 것은 여러 문헌 기록과 풍습을 통해 알 수 있다. 특히 우리나라 문헌기록 중 『증보문헌비고(增補文獻備考)』나 『동사강목(東史綱目)』, 『오주연문장전산고(五洲衍文長箋散稿)』등에 공통적으로 '단군이 개국한 첫해에 백성에게 편발(編髮)과 개수(蓋首)를 가르쳤으며...' 라는 기록이 나온다.[8] 당시의 머리 모양은 물론 알 수 없으나 그때부터 풀어헤쳤던 머리를 정리하고, 그 위에 무엇인가 쓰게 되었다는 것을 알 수 있다. 또 중국의 『사기(史記)』와 『삼국지(三國志)』「동이전(東夷傳)」 마한조(馬韓條)에 기록되어 있는 '추결(推結)'과 '괴두노계(傀頭露繼)' 라는 용어도 머리를 땋거나 말아 올려 상투를 트는 풍습에 대해 알려 준다. 따라서 우리 민족이 일찍부터 머리를 가꾸는데 상당한 의미를 부여했으며, 고조선시대부터 이미 발달된 두발문화가 형성, 발전되었고 이에 따라 전통 빗과 같은 수발도구도 수반되었을 것으로 볼 수 있다.

출토된 유물 중에서 가장 오래된 것으로는 광주 신창동에서 발굴된 초기철기시대

빗을 꼽을 수 있다.[9] 비교적 온전한 상태로 출토된 빗을 살펴보면 전체적으로 활모양의 배부에 직접 빗살을 켜내서 만들었으며, 소재는 단풍나무로 밝혀졌다.[10]

삼국시대

삼국의 두발문화에 관한 기록은 우리나라뿐만 아니라 중국의 여러 문헌에서도 찾아 볼 수 있는데, 대부분 고구려, 백제, 신라 사람들의 다양한 머리 모양과 풍습에 대해 기록하고 있다. 이러한 기록들에서 이미 삼국시대부터 화려한 가계(加髢)문화가 형성되어 있음을 알 수 있고, 이는 고구려 고분벽화에서도 확인할 수 있다.[11] 따라서 삼국시대에는 가계의 발달에 따른 다양한 수식(首飾)과 빗이 발달하였음을 짐작할 수 있다.

삼국시대 유물로는 일찍이 낙랑(樂浪) 유적에서 〈목제빗〉이 발견되었고, 경주의 금령총(金鈴塚)과 식리총(飾履塚)에서도 〈목제빗〉이 출토되었으며, 가야지역에서는 대모(玳瑁)로 만든 빗도 발견되었다. 이 빗들은 단편만 출토되었는데 추정형태가 빗살이 길고 깊으며, 손잡이 부분이 편평했던 것으로 보여 전통 얼레빗의 형태와 유사하다.

특히 삼국시대~통일신라 유적인 경주 월성 해자(垓子)에서도 빗이 〈목제빗〉이 출토 되었는데 보존상태가 비교적 좋은 편으로 전체적인 형태나 빗살의 깊이 등 전통 얼레빗의 형태를 알 수 있는 좋은 자료가 된다. 한편 나무 외에 대모로 만든 빗이 발견됨으로써 삼국시대부터 이미 다양한 재료의 빗이 제작되었으며, 상류층을 위한 고급의 수입재료로 만든 빗도 사용되었다는 사실을 확인할 수 있다.

목재빗,
경주 월성해자출토,
경주박물관소장

통일신라

통일신라시대에는 역시 길고 풍성한 흑발(黑髮)을 선호하였으며, 좀 더 풍성하게
보이기 위해 체(髢), 또는 가계(加髻)를 적극적으로 사용하였다. 뿐만 아니라 당시 신
라의 가체가 중국의 가체보다 길고 아름다워서 당나라 여인들에게 매우 인기가 있었
으며, 중국과의 교역품에 빠지지 않았다는 사실에서 신라인들의 두발문화 정도를 짐
작할 수 있다.

이처럼 길고 윤택한 머리카락을 관리하기 위해 신라인들은 유두날(流頭) 동쪽으로
흐르는 물에 머리를 감고(東流頭沐浴), 동백기름이나 아주까리기름 등을 바르며 매
일 정성스런 빗질로 머릿결을 가꾸었고, 이러한 풍습은 조선시대까지도 전승되었다.

이처럼 발달된 두발문화에 따라 다양한 빗도 제작되었을 것으로 짐작할 수 있으며,

대모빗,
12.5×7.2cm,
통일신라,
전 가야지역 출토,
김동현씨 소장

목제빗, 길이 11.3cm, 통일신라, 안압지 출토, 국립경주박물관소장

이를 입증할 수 있는 유물도 남아 있다. 김동현씨 소장의 〈대모빗〉은 형태가 지금의 얼레빗과 유사하며, 안압지에서 출토된 〈목제빗〉은 거울과 비녀, 동곳, 가리마꼬챙이 등과 같이 일괄로 출토되어 당시의 두발문화를 엿볼 수 있는 귀중한 자료가 된다.[12]

특히 청옥(靑玉)과 대모(玳瑁), 금사(金絲) 등으로 화려하게 장식되어 있는 〈장식 빗〉(리움박물관소장)은 빗몸이 거의 직각으로 구부러져 있고, 복잡한 수식(垂飾)으로 보아 머리를 빗는 용도가 아니라 수식용(首飾用) 빗임을 알 수 있다.(112쪽 참조) 더욱이 이 뮤물은 흥덕왕(興德王) 재위 9년(834)에 내려진 계금에 따른 복식(服飾禁制) 중 빗(梳)과 비녀(釵)에 대한 조항과 부합되는 유물로 매우 중요하다.

' … 진골(眞骨)인 여자는 슬슬전(瑟瑟鈿)과 대모(玳瑁)를 금하고, 육두품(六頭品)인 여자는 슬슬전을 금하고 5두품(五頭品)인 여자는 소대모(素玳瑁, 장식하지 않은 대모) 이하를 쓰고, 사두품(四頭品)인 여자는 소아(素牙, 장식하지 않은 상아), 뿔(角), 나무를 쓰고 평민 여자는 소아, 뿔 이하를 쓴다 … '[13]

금제(禁制)의 내용을 살펴보면 계급에 따라 빗의 재료와 장식방법을 제한하고 있으며, 빗의 재료 중에 귀한 수입산 재료인 슬슬(瑟瑟)과 대모(玳瑁), 상아(牙) 등이 포함되어 있다.[14] 이러한 기록에서 알 수 있는 것은 당시 나라에서 금할 정도로 사치스럽고 화려한 빗이 성행하였다는 사실과 신분에 따라 재료와 장식을 차별하였다는 사실이다. 이는 빗이 단순히 머리카락을 빗는 일상용구에 그치지 않고 신분과 위세의 상징으로서 사용되기도 하였다는 점을 말해주고 있다. 또한 복식금제에 포함된 것으로 보아 빗을 장신구로 인식하고 있었다는 점에서 이 금제(禁制)가 장식빗에 대한 언

급임을 알 수 있다. 이처럼 통일신라시대의 빗은 다른 공예품과 마찬가지로 삼국통일 후 집적된 공예기술과 활발한 대외교류를 바탕으로 이루어진 공예문화의 발전과 궤를 같이 하였을 것으로 미루어 짐작할 수 있다.

고려시대

고려시대는 귀족문화와 불교문화가 세련되게 발달했던 시대이며, 당에 이어 송(宋), 원(元), 명(明)에 걸쳐 중국과 빈번한 교류 및 간섭기가 있었던 시대인 만큼 많은 변화가 있을 수밖에 없는 시대이다. 그러나 현존하는 문헌자료와 유물자료가 매우 부족하여 구체적인 고찰이 어려운 실정이며, 단편적이지만 어용(御用) 장식기구와 제작을 담당했던 중상서(中尙署)와 관아(官衙)에 관장(官匠)으로 소장(梳匠), 경장(鏡匠)이 포함되어 있었다는 사실에서 빗과 거울을 양산하는 체제를 갖출 정도로 빗의 수요가 많았음을 알 수 있다.

또한 정월 상진일(上辰日, 첫용날)과 단오날(端午, 음력 5월 5일), 유두날(流頭, 음력 6월 15일)에 검고 윤기나는 머릿결을 간직하기 위해 세발하는 풍습이 있었다는 점에서도 고려시대 두발문화의 양상을 엿볼 수 있다.

이처럼 남아 있는 유물은 희소하지만 다른 공예품이나 장신구, 복식 유물에 비추어 볼 때 고려시대의 빗은 통일신라의 빗과 크게 다르지 않으면서도 재료가 고급화되고 장식도 화려해지는 등 한층 발전하였을 것으로 생각된다.

조선시대

관복(冠服)과 다양한 두발양식이 발달한 조선시대에는 두발관리도구가 더욱 활발히 제작되었을 것이다. 빗을 전문으로 만드는 '소장(梳匠)'이 고려시대와 마찬가지로 '경장(鏡匠)', '분장(粉匠)', '향장(香匠)'과 함께 '관장(官匠)'으로 존재하였으며, 특히 빗과 관련하여서는 '목소장(木梳匠)', '목성장(木省匠)', '죽소장(竹梳匠)' 등으로 세분화되어 있었다.[15] 또 『조선왕조실록(朝鮮王朝實錄)』과 각종 『의궤(儀軌)』류 등 조선시대 문헌에 보이는 각종 의례(儀禮)의 갖춤 품목에 반드시 목소(木梳), 죽소(竹梳) 등이 포함되어 있으며, 중국으로 보내는 하례물에도 포함되어 있다.[16]

한편 조선시대 사람들에게 빗은 단순한 생활용구로서만이 아니라 정조(貞操)와 허

각종 빗, 조선후기, 영친왕가 소장유물

혼(許婚)을 의미했기 때문에 단순히 장식용으로 간주하기 곤란했다. 이에따라 빗을 머리에 꽂는 관습이 사라져 조선시대에는 사치스런 수식용(首飾用) 빗은 단절되고 얼레빗과 참빗 등 일반적인 수발용(收髮用) 빗만 사용되었다.

조선시대의 빗 유물은 왕실과 사대부가 등 민가에도 꽤 많은 수가 남아 있으며, 요즈음도 간혹 고분에서 출토되었는데, 전대에 비하여 크기와 모양, 용도, 재료, 장식이 다양한 편이다. 재료에 따라서는 목제빗, 대모빗, 뿔빗, 은빗, 장식에 따라서는 주칠빗, 화류빗, 화각빗, 용도에 따라서는 얼레빗, 참빗, 면빗, 가리마빗, 상투빗, 살쩍밀이 등이 남아 있는 것으로 보아 조선시대의 빗은 계층과 성별과 용도에 따라 다양하게 제작되었음을 알 수 있으며, 특히 여인들의 애장품으로서 화각 등으로 화려하게 장식된 빗들이 성행하였다는 것을 알 수 있다.

관련 기록물 중 안정복(1712~1791)이 번역한 『여용국평란기(여용국전(女容國傳)』라는 한글소설에서는 여성용 화장품과 화장도구를 의인화하여 등장시켰는데, 경대 · 거울 · 연지 · 곤지 · 분 · 향 · 면부 · 밀기름 · 비녀 · 참기름 · 모시실 · 족집게 · 얼레빗 · 참빗 · 양칫대 · 비누 · 세숫물 · 휘건 · 수건 등 총 20여가지 화장구가 묘사되어 있어 조선시대 여성들이 다양한 화장품과 화장구를 사용했다는 사실도 확인할 수 있다. 이들은 점포와 좌상, 방물장수와 매분구(賣粉嫗)를 통해 유통되었는데, 특히 시전 가운데 백분과 여러 가지 화장품과 화장용구도 취급하는 '분전(粉廛)'과 가체와 머리 장식에 필요한 비녀 · 뒤꽂이 · 떠구지 · 불두잠 · 첨 · 귀이개 · 빗치개 · 빗 댕기 · 화관 · 족두리 등을 취급하는 '다리전'이 전문도매상이었다.[17]

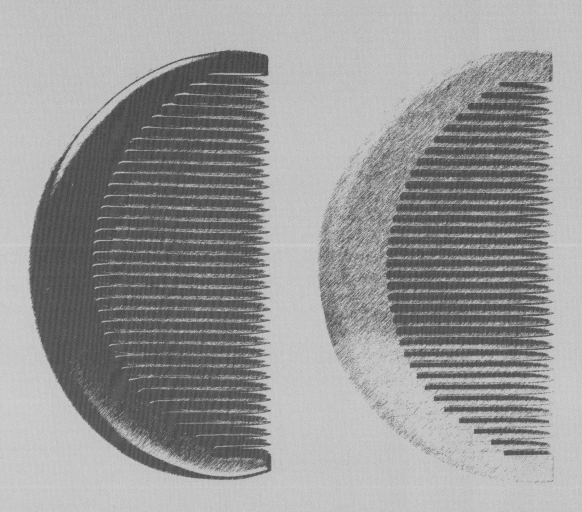

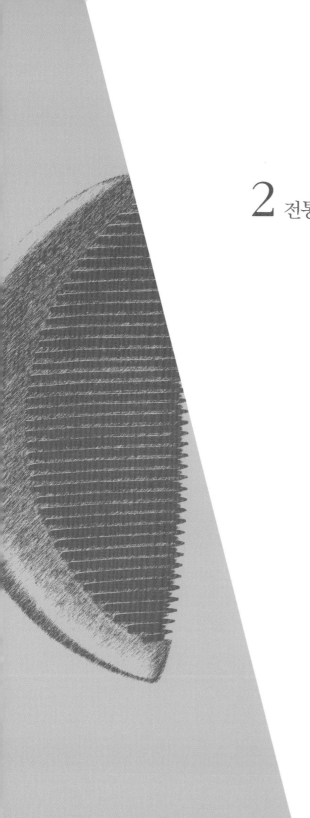

2 전통 얼레빗의 전승과 종류

01 얼레빗의 전승과 관련기록

우리나라 전통 빗의 형태는 반달형과 직사각형이 대부분이지만 머리 형태와 용도에 따라 크기와 형태가 각기 다른 빗을 만들어 사용했다. 일반적으로 전통 빗은 빗살의 성김에 따라 크게 '얼레빗(木梳)'과 '참빗(진소, 眞梳)'[1]으로 나뉘는데, 그중 얼레빗은 빗살이 굵고 성긴 빗을 말한다.[2]

얼레빗은 주로 길고 엉킨 머리를 대충 가려서 가지런히 빗어 내릴 때 사용하지만 머리모양과 용도에 따라 크기와 모양이 다르며, 빗살 역시 성근 것과 촘촘한 것이 있다. 머리를 땋거나 쪽을 찌던 조선시대에는 여인들은 '얼레질 한다'고 해서 긴 머리채를 얼레빗으로 대강 빗어 가지런히 한 다음 참빗으로 정성을 다하여 빗어 내려 곱게 땋아 쪽을 찌었다.

일반적으로 얼레빗은 반원형(半月形) 또는 각형(角形)의 등마루에서 빗살이 한쪽으로만 성기게 나있다. 이때 반원형의 형태가 반달모양 같다고 해서 한자로 '월소(月梳)', '반월소(半月梳)'라고 한다.[3] 전통 얼레빗들은 장식 없이 단순하게 목재로만 만든 것이 대부분이지만 대모(玳瑁)나 뿔(角), 뼈(骨)와 같은 값비싼 재료로 만들거나 칠(漆), 화각(華角), 대모, 뿔, 뼈, 옥 등으로 빗 표면을 장식한 것들도 만들어 졌다.

단편적이지만 남아있는 문헌기록과 출토품, 그리고 왕실이나 민간에 전해지는 유품들을 통해 우리 민족이 전통적으로 사용해온 얼레빗의 모습을 살펴볼 수 있다. 먼저 얼레빗에 관한 기록은 얼레빗을 만드는 장인인 목소장(木梳匠)이 경공장(京工匠)과 외공장(外工匠)에 포함되어 있다는 사실 외에도 얼레빗이 언급된 개인 문집(文集)

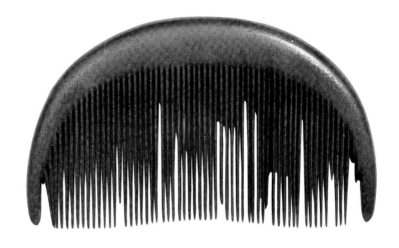

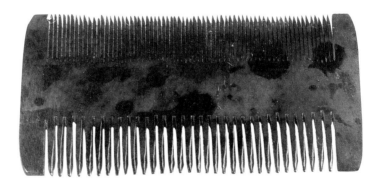

1_ 얼레빗, 조선말기, 목제
2_ 얼레빗, 조선후기, 대모

1
2

과 『조선왕조실록(朝鮮王朝實錄)』 등에서 다수 발견된다. 내용을 살펴보면 특히 얼

레빗을 의미하는 한자어 '소(梳)' 가 '빗' 또는 '머리를 빗어 정갈히 하다' 라는 의미

에서 확장되어 '외적으로는 의관(衣冠)을 정제하고, 내적으로는 몸과 마음을 단정히

가다듬는다' 는 의미로서 선비들의 문장 중에 꽤 자주 등장한다. 또 시가문학(詩歌文學) 등에서 정조와 허혼의 상징으로서 자주 인용되며, 반달과 같은 얼레빗의 형태나 빗살의 성김, 가지런한 빗살에 비유한 문장들도 발견할 수 있다.

예를 들어 허균이 쓴 시문에서는 '얼레빗으로 쓸쓸 가려 낸 다음 참빗으로 훑되 천 번이나 훑어내니 이는 벌써 없어졌네…' 라고 해서 얼레빗과 참빗의 사용법을 읽을 수 있다.[4] 또 황진이(黃眞伊)는 그녀의 시조 〈영반월(詠半月)〉의 '하늘의 반달은 직녀가 던져 놓은 얼레빗' 이라는 시구에서 하늘의 반달을 반달처럼 생긴 얼레빗의 생김새에 비유하여 님을 기다리는 여인의 마음을 표현하였다. 여기에서 '빗(梳)' 은 곧 반달형 얼레빗을 가리키며, 이 얼레빗은 전통적으로 여성들과 뗄 수 없는 필수 애장품으로 그녀들의 애환을 같이 했다는 것을 알 수 있다.[5] 이밖에도 '…초승달은 흡사 얼레빗 모양일세(新月正如梳)…'[6], '…칠팔일로부터 열흘에 이르면 비록 얼레빗만 하나(自弦至旬 雖云如梳)…'[7], '…앞은 평평하고 뒤는 높으며, 안으로 향하여 조금 굽은 듯하여 형상이 얼레빗(梳)과 같으며…'[8] 같은 시구에서 보이는 것처럼 대부분의 얼레빗이 반달처럼 생겼다고 표현하고 있다. 이러한 기록들은 그만큼 우리 민족의 생활 속 깊이 얼레빗의 숨결이 묻어있다는 것을 말해준다.

위에서 살펴본 바와 같이 참빗을 제외한 전통 빗은 모두 목소장이 만드는 얼레빗이라고 통칭할 수 있다. 그러나 우리나라의 얼레빗은 용도에 따라 그 형태와 크기, 재료, 장식을 달리하였으며, 이를 구분하여 사용하였는데 크게 반달빗, 면빗, 가리마빗, 음양소, 상투빗, 그리고 엄밀히 말해 빗은 아니지만 수발용구에 포함되는 살쩍밀이로 나누어 살펴볼 수 있다.

반달빗

얼레빗을 대표하는 빗으로 '월소(月梳)' 또는 '반월소(半月梳)' 라고도 하며 반원형으로 폭은 10~11㎝정도, 높이는 5~6㎝정도이다. 빗살의 성글기는 크기와 용도에 따라 조금 차이가 있으나 남녀노소 구분 없이 가장 일반적으로 사용되는 빗이다. 현

반달빗
(흑칠, 기름칠, 주칠)

재 남아 있는 유물 중에도 제일 많이 남아 있는 형식이며, 아주 이른 시기부터 근대까지 등장하는 것으로 보아 기본적인 얼레빗의 형태라고 할 수 있다. 또한 앞에서 살펴본 것처럼 옛 문헌들에 등장하는 빗(梳)도 곧 반달빗을 가리킨다.

원래 아무 장식이 없는 목제 빗이 가장 많이 만들어졌지만 사용자와 용도에 따라 빗등에 조각(彫刻), 칠(漆), 화각(華角), 나전(螺鈿), 접목(接木) 등으로 화려하게 장식하기도 하여 주로 여성들의 애장품으로 널리 쓰였다.

면빗

면소(面梳)라고도 하며 살쩍을 빗어 넘기는데 사용하는 빗이다. 즉 머리를 땋거나 족두리나 망건을 착용할 때, 먼저 얼레빗과 참빗으로 빗은 다음 귀 밑에 흩어져 있는 머리카락(귀밑털, 살쩍)을 단정히 빗어 넘길 때 사용한다.

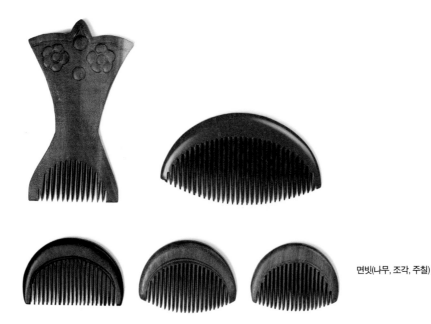

면빗(나무, 조각, 주칠)

반달빗과 형태와 재료, 제작법은 같지만 짧고 숱이 적은 귀밑털을 빗기 위해서 빗살이 반달빗보다는 비교적 가늘고 촘촘하며, 폭도 좁고 크기도 작다. 간혹 사용할 때 불편하지 않도록 손잡이처럼 빗몸을 15㎝ 정도로 길게 만들기도 하고 화려하게 조각 및 장식을 하기도 한다. 남자용, 여자용이 따로 있었을 것으로 보이며, 혼례용(婚禮用)과[9] 기방용(妓房用)으로 길상문(吉祥文), 화조문(花鳥文), 장생문(長生文), 모란문(牧丹文) 등 상징적인 문양 및 색채 장식을 곁들이기도 하였다. 또한 크기가 작아서 휴대용으로 사용되기도 하였다.

상투빗

남성들이 상투를 틀 때 사용하는 작은 빗으로 머리카락을 빗기만 하는 빗과, 빗은 후에 상투 뒷편에 꽂아 망건을 고정시키는 기능까지 겸하는 빗이 있다.

상투빗(나무, 뿔)

보통 얼레빗에 비하여 크기도 작지만 특히 폭이 좁고 빗살이 깊은 것이 특징이다. 이 때문에 빗살이나 빗이 휘어지거나 부러질 염려가 크므로 빗등에 뼈, 대나무, 뿔 등을 접목하여 보강하면서 동시에 장식적인 기능을 겸하기도 한다. 반달빗과 같이 단순히 목재로만 만들기도 하고, 단단하게 만들기 위해 뿔이나 뼈, 대모로도 만들기도 하지만 다른 부재료를 장식 겸 보강재로 병용하는 경우가 많다.

가리마빗

가리마빗
(나무, 조각)

주로 여자들이 쪽머리를 할 때 가르마를 타기 좋게 한쪽 끝을 길고 뾰족하게 만든 빗을 말한다. 부재료를 사용하지 않고 목재나 쇠뿔 등 한 재료만을 사용하기도 하고, 뾰족한 끝 부분이 휘어지거나 부러지는 것을 방지하기 위해 대모나 대나무를 얇게 파죽(破竹)하여 빗등에서부터 빗꼬리까지 길게 덧붙이기도 한다. 특히 가리마 빗은 여성전용의 빗이기 때문에 화조문, 길상문, 당초문 등 화려한 문양들로 장식하는 경우가 많다.

음양소

일반적인 빗들과 달리 간격이 서로 다른 빗살이 양쪽에 달려 있는 빗을 말한다. 빗살의 간격이 한쪽은 성글고 한쪽은 촘촘하여 얼레빗과 참빗의 두 기능을 겸하기 때문에 평상시

음양소(나무)

에 간단히 머리카락을 손질할 때 사용되기도 하고, 원행을 할 때 휴대용으로 사용되기도 하였다. 음양소는 남녀공용으로 사용 되었지만 특히 남자들의 애장품이기도 했다.

형태는 참빗모양과 타원형이 있고, 나무, 대나무, 대모, 상아, 뿔 등 다양한 재료로 만든다. 만드는 방법은 빗살 간격이 다른 두개의 빗을 서로 빗등 쪽을 맞대어 접착시켜 만들거나 한몸에서 양쪽으로 빗살을 내서 만든다.

살쩍밀이

주로 남자들이 관모나 망건을 쓸 때 단정하게 하기 위해 마지막으로 흩어진 머리카락(살쩍)을 망건 밑으로 밀어 넣을 때 사용하는 도구이다. 형태는 폭이 1㎝ 내외, 길이가 7~9㎝ 정도 되는 얇은 막대기처럼 생겼다.

일반 반달빗처럼 목재로 만들기도 하지만 얇고 뾰족하면서 단단하게 만들기 위해 쇠뼈나 뿔 등으로 만드는 경우가 많다. 특히 신분이 높은 남성들이 주로 사용하였기 때문에 고급재료인 대모나 상아로 만든 예도 적지 않다.

살쩍밀이(대모, 뼈)

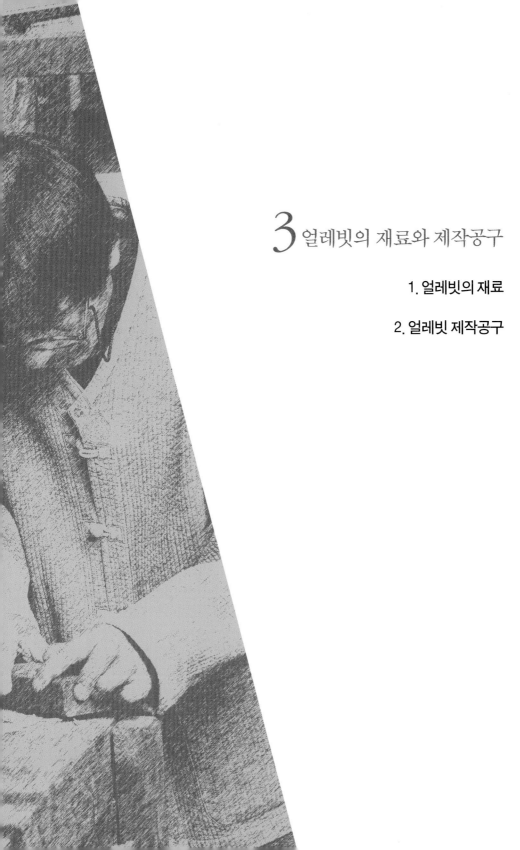

3 얼레빗의 재료와 제작공구

전통 얼레빗은 대부분 장식이 없이 단순하게 나무로 만들어졌다. 그러나 사용자의 신분과 성별, 용도에 따라 대모(玳瑁)나 뿔(角), 뼈(骨), 옥(玉), 은(銀) 등과 같이 같은 값비싼 특수 재료로 만들거나 주칠(朱漆)이나 흑칠(黑漆), 생칠(生漆) 등 다양한 옻칠(漆), 화각(華角), 나전(螺鈿), 대모, 뿔, 뼈 등으로 빗 표면을 장식한 것들도 만들어 졌다. 또 아무 문양이 없는 빗이 대부분이지만 길상문(吉祥紋), 수복문(壽福紋), 여의문(如意紋), 당초문(唐草紋), 장생문(長生紋), 화조문(花鳥紋) 등 다양한 무늬를 그리거나 조각, 접목(接木), 화각(華角)기법 등으로 표현하였다. 전통 얼레빗의 주재료로 가장 많이 쓰이는 목재와 특수재료로 나누어 살펴보면 다음과 같다.

대추나무 판재

목재

얼레빗은 빗살이 성글어서 부러지기 쉽기 때문에 얼레빗을 만드는 나무는 조직이 치밀하고 단단하며, 탄력이 있어야 한다. 반면 빗살을 켜야 하므로 가공하기도 쉬워야 되고 가공 후 뒤틀림이나 변형이 적어야 된다. 또한 결이 일어나지 않고 매끈해서 머리칼이 뜯기지 않아야 되며, 색감과 무늬결도 아름다워야 한다.

얼레빗은 전통적으로 느릅나무(楡木), 단풍나무(丹楓木), 대추나무(棗木), 도장나무(黃楊木), 박달나무(檀木), 소나무(松木), 고흥지방의 유자나무(柚子木), 제주도의 해송(海松) 등 우리나라 자생 목재로 제작해 왔다.[1] 그 중에서도 강원지방의 대추나무, 제주도의 해송, 고흥지방의 유자나무가 얼레빗의 재료로 선호되었으며, 특히 제주도의 해송과 유나자무로 얼레빗을 만들어 쓰면 병을 고쳐주고 귀신을 쫓는다 하여 인기가 있었다. 그러나 요즈음은 해송을 구하기도 어렵고 유자나무도 종자가 개량되어 굵은 나무를 얻기가 쉽지 않아 대추나무를 주로 사용한다. 또 쉽게 구할 수 있고 얼레빗 제작에 적당한 과수나무, 즉 배나무, 자두나무, 복숭아나무, 살구나무, 앵두나무 등도 활용하고 있다. 전통적으로 일반 서민들은 소나무 및 일반 잡목을 사용하여 만든 빗도 즐겨 써 왔으며, 이밖에도 전통적으로 가구재, 공예재로 쓰이던 가문비나무, 자작나무, 가래나무, 느티나무, 밤나무, 참나무, 오동나무, 피나무등도 사용되었을 것으로 생각된다.[2]

감나무(柿木, Persimmon tree)　　●　중국 중북부, 일본, 한국 중부 이남지역에서 널리 재배된다. 목재는 변재와 심재의 구분이 뚜렷하지 않은 홍백색 나무로, 단단하고 탄력이 있으나 질기지 못해 쉽게 부러지기도 하고 변형도 심한 편이다. 그렇지만 나무갗이 곱고 결이 곧으며, 목질이 치밀하고 광택이 있다. 또 가공도 쉬운 편이라 전통적으로 고급 가구재나 공예재로 많이 사용되었다. 규격이 작은 얼레빗을 제작하는 데는 적당하지만 뒤틀림이 심하기 때문에 통판으로 사용하지는 않고 얇게 켜서 목가구의 표면 장식으로 주로 사용한다.

느릅나무(楡木, Elm tree)　　　　● 산유목(山楡木) 이라고도 하며 온대지역과 우리나라의 중부 이남지역에서 자라는 활엽수이다. 목재의 심재는 암갈색, 변재는 흰 편으로 심변재의 구분이 뚜렷하다. 나무갖은 거칠지만 목질은 질기며 단단하고 무겁다. 특히 재질이 좋고, 색상도 좋은 편이고 무늬가 아름다워 서안, 문갑, 제기, 바릿대, 쟁반 등 상품의 가구재로 쓰여 왔다. 신라시대에는 상품목재로 취급되어 신분에 따라 사용에 제한을 두기도 하였다.[3]

잘못 건조하면 비틀리기 쉽고, 가공하기가 쉽지 않으며 색이 너무 어둡다는 단점이 있지만 탄력성이 매우 뛰어나 잘 휘어지고 갈라지지 않기 때문에 활과 같은 휨가공 제품의 최우수재로 꼽힌다. 따라서 느릅나무로 만든 얼레빗은 탄력이 있고 갈라지지 않아 상품가치가 높다.

단풍나무(丹楓木, Aceraceae)　　　　● 중국이 원산지이며 우리나라 전역에서 자라는 활엽수이다. 나이테는 선명하지 않고 조직이 치밀하며 강하고, 강도가 좋다. 변재는 엷은 담황색 줄무늬가 있는 백색이고 심재는 밝은 갈색으로 심, 변재의 구분이 뚜렷하다. 나무 색감은 전체적으로 밝은 갈색을 띠며 광택이 있다. 또 재질이 단단하면서도 무늬결이 아름답고, 탄력도 좋아서 잘 갈라지지 않기 때문에 고급 내장재나 가구, 실내장식, 조각, 악기, 표주박, 빗 등을 만드는데 쓰인다.

최근 광주 신창동 유적에서 출토된 얼레빗이 단풍나무로 만든 것으로 판명되었는데, 단풍나무가 다른 목재에 비해 단단하면서도 가공이 쉽다는 장점이 있기 때문에 도구가 발달하지 않았던 이른 시기부터 빗의 재료로 사용된 것으로 보인다.

대추나무(棗木, jujube tree)　　　● 대추나무는 유럽 동남부와 아시아 동남부가 원산지로 우리나라 전역에서 자라는데 특히 경북 봉화, 충북 제천, 충남 연산 일대에서 많이 재배한다. 목재는 심재는 황갈색이고, 변재는 황색을 띠는데 오래될수록 더욱 좋은 색깔을 띤다. 그러나 변재부분이 변형이 심하기 때문에 심재부분을 골라서 사용해야 한다. 조직이 치밀해서 표면이 매끄럽고 색감도 아름다울 뿐만 아니라 닦을수록 광택이 나기 때문에 고급재이지만 큰 나무가 귀하여 큰 가구는 만들지 못하고 가구의 골재와 필통, 망건통 등 소품을 만드는데 쓰인다. 또한 단단하고 무겁기 때문에 떡판이나 떡메, 달구지, 도장, 목탁, 불상, 빗 등의 재료로 쓰인다.

얼레빗의 재료로서는 재래종의 대추나무가 좋으며 특히 목주부분과 뿌리부분이 합쳐지는 부분의 재질이 가장 좋은데 단단할 뿐더러 탄력도 있고, 색깔도 진해서 상품으로 친다. 특히 벼락 맞은 대추나무(霹棗木)는 몸에 지니고 있으면 악귀를 쫓아준다는 전통적인 믿음과 돌보다 단단하다는 이유 때문에 도장이나 장신구 재료로 인기가 있다.[4] 붉은 기가 도는 대추나무가 벼락까지 맞았고, 단단하기까지 한 까닭에 악귀를 쫓는다는 믿음이 생긴 것이다. 그러나 재질이 굳고 단단할수록 건조시간이 길어지고 까다로우며, 현대에 이르러 피뢰침이 많아져 나무가 벼락을 맞을 확률이 더욱 낮아졌기 때문에 구하기가 쉽지 않은 단점이 있다.

먹감나무(烏柿木)　　　● 감나무의 심재에서 변이를 일으켜 검은 색소문양이 자연적으로 생긴 나무로 흑감나무라고도 한다. 감나무의 원종에 해당하는 고욤나무의 핵이 검은색인데 이 고욤나무에 감나무를 접붙이면 변이가 일어나 먹감나무가 탄생한다. 즉 일종의 변종 나무로 검은색 문양이 불규칙하고 변치 않는다.

목재의 수분수축율이 크고 건조과정에서 균열이 심해서 다루기가 까다롭긴 하지만 내구성, 가공성 모두 양호하다. 더욱이 인공미로는 따라갈 수 없는 고유한 자연 문양과 그 희소성으로 인해 가구재나 공예재로서 높은 평가를 받는다. 전통적으로 경대, 머릿장, 이층롱과 같은 상류층 주택의 안방가구에 많이 사용되었고 이밖에 상자, 바둑판, 조각품, 공예품 등의 재료로도 사용되어 왔다. 그러나 먹감나무 자체가 귀하고, 또 가구의 판재로서 쓸 만한 문양이 제대로 형성될 가능성은 더욱 희박하다는 한계가 있다. 반면 얼레빗 제작에 있어서는 얼레빗 규격이 작기 때문에 비록 가구재는 될 수 없을 정도의 먹무늬가 있는 나무도 폭넓게 사용할 수 있어 경제성이 있다.

박달나무(檀木, Betulaceae)　　● 전라도를 제외한 우리나라 전역에서 자생하는 활엽수로 변재는 흰 편이며 심재는 갈색에 가깝다. 목질이 강하고 단단하며 광택이 있고, 무늬는 눈매가 크지 않고 결이 곱다. 비틀림이 적고 갈라짐도 적으나 목질이 강하여 가공하기가 어렵다. 국산 나무 중 가장 단단하고 색상이 짙으며, 결이 곱고 단단하여 목활자, 얼레빗과 같은 세공품은 물론 윷, 목탁, 망건골, 방망이, 다듬이판, 홍두깨, 조각품 등 강도를 요하는 세공품을 만들 때 예부터 많이 활용되었다. 경주의 천마총과 월성(月城)에서 출토된 얼레빗도 박달나무로 만든 것으로 판명되어 이른 시기부터 얼레빗 제작에 박달나무가 사용되었음을 알 수 있다.

배나무(梨木, Pear tree)　　● 한국·중국·일본 등지에 분포하며 우리나라 전역에서 재배된다. 목재는 변재, 심재 모두 홍갈색 또는 은은한 황갈색이며, 나뭇결이 없이 조직이 치밀하다. 함수율에 의한 변형이 심한 편이라 큰 물건이나 통판으로는 쓰지 못하지만 너무 단단하지도 무르지도 않으면서 무겁고 잘 갈라지지 않아 전통 목가구의 뼈대나 울거미나 조각, 악기, 판각목 등에 많이 쓰였다. 특히 돌배나무는 우리나라에 자생하는 재래종으로 단단한데다 잘 썩지 않고 글자를 새기기에 알맞기 때문에 경판이나 문집들의 목판으로 쓰였다. 해인사의 대장경판도 산벚나무 다음에 가장 많이 쓰인 것이 돌배나무이다. 또 결이 곱기 때문에 소반이나 액자, 악기, 목기, 다식판 등을 만든다. 얼레빗 제작에 있어서도 색감이 아름다우며 단단하고 잘 갈라지지 않는데다 결이 고와 상급품을 만들 수 있다.

살구나무(杏木, Apricot tree) ● 중국이 원산지로 현재 우리나라의 전국에 자생하고 있으며, 『삼국유사(三國遺事)』 기록에 살구나무가 등장하는 점으로 보아 그 이전부터 한반도에 전해졌을 것으로 보인다. 변재는 흰색이고 심재는 홍갈색으로 목질은 연하고 질기며 눈매가 깊지 않으나 나이테에 따른 색상이 선명하고 결이 곱고 치밀하다. 100년쯤 생장하는데 목재는 단단하고 매끄러우며, 무늬가 좋아서 가구나 조각재로 쓴다. 그러나 뒤틀리면서 성장하는 성질이 있으므로 큰 가구보다는 연상, 경대 등 작은 가구나 소품에 적합하고 특히 작은 크기의 얼레빗 제작에는 적당하다고 할 수 있다.[5]

소나무(松木, Pine tree) ● 우리나라 전역에서 자생하는 침엽수로 우리나라에서 전통적으로 가장 폭넓게, 가장 많이 쓰이는 목재이다. 나이테가 뚜렷하고, 심재는 적갈색이고 변재는 흰 편이어서 구분이 뚜렷하다. 나무갗은 거칠지만 결은 고운 편이고 탄력이 풍부하여 부드럽고 소박한 질감의 목재이다. 단단하고 송진이 있어 내습성이 강하며 은은한 향기도 좋고, 벌레도 잘 생기지 않는다. 또 건조가 잘되고 목리도 아름우며 쉽게 구할 수 있고, 가공도 용이하여 건축이나 토목, 포장 판재, 가구재, 공예재 등으로 폭넓게 쓰여 왔다. 얼레빗 제작에 있어서는 서민용의 소박한 빗에 사용되었다.

유자나무 (柚子木, Citrus junos)　　　● 중국이 원산지이고 한국에는 삼국시대 이전에 전해진 것으로 보인다. 한국의 남부지방에서 많이 재배하는데, 특히 바닷가나 민가 부근에서 자라며, 요즈음은 전라남도 고흥, 완도, 장흥, 진도와 경상남도 거제, 남해, 통영 등에서 많이 난다. 키는 4m 정도 자라며, 목재는 단단한 편으로 전통적으로 얼레빗 제작에 대추나무, 해송과 함께 많이 쓰였다. 그러나 근래는 재래종이 거의 없어져서 큰 나무를 얻기 힘들기 때문에 재료 수급이 쉽지 않아 많이 쓰이지 않는다.

자두나무(李木, plum tree)[1]　　　● 중국이 원산이며 순수 우리말로는 '오얏나무'이다. 재배가 쉽기 때문에 인가 부근이나 도시 근교에서 재배하며, 10m까지도 자란다. 목재는 심재의 색이 연한 자주빛으로 아름답고 단단하여 고급재로 쓰인다. 그러나 건조되면서 제멋대로 뒤틀리고 깨지는 경향이 강하여 잘 건조된 후 작은 공예재로 이용 가능하다. 비슷한 종으로 살구나무, 복숭아나무, 매실나무, 개살구나무가 있다. 은은한 붉은 빛이 돌면서 단단하기 때문에 얼레빗을 만드는데도 적당하다.

회양목(黃楊木, Korean box tree)　　　● 상록관목으로 한국의 산지에서 많이 자라며, 정원수 등으로도 많이 심고 있다. 옛 이름은 황양목(黃陽木)이었지만 강원도 회양(淮陽)에서 많이 생산된다하여 회양목이라고 한다. 나무색은 옛 이름처럼 황백색으로 고급스런 느낌이 난다. 그러나 크게 자라도 키도 작을뿐더러 나무 폭도 오백년이상 걸려야 한 뼘정도 된다고 한다. 오랜 성장기간으로 인해 나무질이 곱고 균일하며 치밀하고 단단하기까지 하다. 또 보존성이 강하고 닦으면 윤기가 나므로 기구, 악기, 세공품을 비롯하여 목판활자나 호패(號牌)[7], 주판, 바둑판, 장기알, 말안장, 각종 조각품, 빗, 도장 등 전통공예재로 많이 쓰여 왔다. '도장나무' 라 불리기도 하는데, 호패 만들 재료가 부족하자 다른 용도에 쓰는 것을 금했다는 기록과 회양목이 공물로 받쳐진 기록이 있을 정도로 인기가 있는 목재이다. 그러나 예나 지금이나 구하기 어려운 목재이다.

해송(海松, Japanese black pine)　　●　원래는 소나무과에 속하는 '곰솔' 로 줄기가 검다하여 '검솔' 이라 하다가 곰솔이 되었다. '흑송(黑松)' 이라는 이름도 같은 의미이다. 우리나라를 비롯하여 일본과 중국에도 분포하고 있으며, 우리나라에서는 주로 해안선을 따라 바닷가와 저지대에서 서식하기 때문에 '해송' 이라고 한다.[8] 해송은 높이 20m, 직경 1m정도까지 자라며, 나무의 껍질은 흑갈색으로 거북등처럼 갈라지고 잎은 소나무와 같이 2개의 바늘잎으로 구성된다. 척박한 토질에도 잘 적응하며 특히 바닷가의 거친 바람과 염분에도 잘 견디어 방풍림 조성에 많이 활용된다.

　목재의 기본적인 특성은 소나무와 비슷하지만 소나무가 주로 건축재로 이용되는 반면에 곰솔은 집안에 쓰이는 장롱, 책상, 탁자, 지팡이, 얼레빗 등의 조그마한 소가구와 공예품에 많이 쓰인다. 특히 제주도 해송은 질병을 고쳐주고 흉액 등 귀신을 쫓는다하여 유자목과 함께 빗의 재료로서 인기가 높았다.

기타 재료

얼레빗 재료 중 목재 이외에 대모(玳瑁), 뿔(角), 뼈(骨), 옥(玉), 은(銀), 백동(白銅) 등 고급 재료가 왕실 및 상류층을 위한 빗 재료로 사용되었다. 그 중 목소장이 주로 다루는 재료는 대모, 뿔, 뼈이다. 이들 재료들은 각각의 특성에 따라 가공 방법은 다르지만 규격의 판재로 만든 후에 빗을 만드는 과정은 목재와 다름없고, 장식재로는 다양한 기법으로 활용되었다.

대모(玳瑁) ● 남태평양에 사는 바다거북이 중 등껍질이 넓고 두꺼우며, 무늬가 아름다운 거북이의 등껍질을 대모라고 한다. 다양하고 아름다운 무늬와 가공성으로 인해 중국, 한국, 일본 등 아시아 지역에서 전통적으로 고급 공예재로 쓰여 왔다. 대모는 가공을 마친 상태에서 수입이 되며, 가공은 먼저 뜨거운 물에 3~4시간 담궈서 조직을 연하게 한 후 원하는 모양으로 가공한다.

얼레빗을 제작할 때 제작방식은 목제빗과 마찬가지지만 열이 식으면 단단해져서 가공이 어렵기 때문에 인두 등으로 열을 가하면서 작업해야 한다. 살잽이가 끝나면 검환으로 다듬고, 사포 또는 속세풀 태운 재로 표면에 광택을 낸다. 대모로는 얼레빗류와 살쩍밀이 등을 만들며, 장식 부재료로도 많이

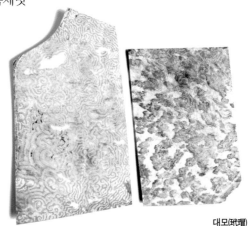

대모(玳瑁)

쓰인다. 유물로는 가야지역 출토로 전해지는 〈대모빗〉과, 통일신라시대 〈장식빗〉이 있으며, 다른 공예품에도 전체 및 부분적인 장식재로 다양하게 쓰였다.

뿔(角)　　　● 쇠뿔(고추뿔)을 주로 사용하며 특히 3~5년 된 숫소의 고추뿔이 가장 좋다. 소뿔을 절단했을 경우에는 속대(속뿔)를 제거하여 사용하나 대부분의 경우 속대(속뿔)가 제거된 상태로 재료가 수급된다. 톱으로 소뿔의 한쪽을 길게 자르는 것을 박타기라고 하는데 박타기가 끝난 뿔을 잿물에 삶거나 중탕으로 5~6시간 가열을 하면 물렁뼈처럼 연해진다. 이때 집게를 이용하여 뿔을 넓게 편다. 그 위에 철판 또는 나무, 돌판 등 무거운 것으로 눌러서 늘리면 두께가 약 8~10㎜, 길이 15~17㎜, 폭 7㎝ 정도의 뿔판이 생긴다. 이 뿔판으로 빗을 제작하면 뿔빗이 되는데, 목제빗과 같은 방식으로 제작하며 완성된 뿔빗은 된장 또는 간장으로 광택을 내서 마무리 한다. 얼레빗류와 살쩍밀이 등을 만들며, 뿔판은 더 얇게 켜서 화각의 재료로 사용하기도 하고 용도에 맞춰 접목의 재료나 마구리의 재료로 사용된다.

뿔(角)

뼈(骨)　　　● 얼레빗을 만들 때 쓰이는 뼈는 대부분 쇠뼈이며, 그 중에서도 4~5
년생 암소의 정강이뼈가 가장 좋다. 예전에 해안가에서는 고래뼈를 사용하였다고도
하지만 요즘은 쇠뼈만 사용한다. 생뼈일 경우 따뜻한 물에 5시간 정도 담궈 핏기를
제거한 후 약 1시간 정도 끓여내서 기름기를 제거한 뒤 건조시켜 필요한 규격대로 잘
라서 사용한다. 뼈로도 얼레빗을 만들기는 하지만 요즈음은 얇게 켜서 살쩍밀이를 만
들거나 반달빗, 면빗, 음양소 등의 장식 부재료로 주로 사용한다. 유물로는 경주 안압
지에서 출토된 통일신라시대 〈골제빗〉이 있다.

뼈(骨)

대패

목재의 결을 매끈하게 다듬거나 깎아내기 위해 사용하는 치목의 기본 도구 중 하나로 '포(鉋)', '글게'라고도 부른다. 장방형의 대패집에 구멍을 뚫고 적당한 날을 끼워 일정한 두께와 모양으로 나무를 깎아낸다. 대패의 종류는 구체적인 용도에 따라 다양하다. 초벌과 재벌에 따라 막대패(초련대패), 재대패(중대패, 중간대패), 잔대패(마름질대패)로 나뉜다. 또 모양과 기능에 따라 평면을 가공하는 평대패, 장대패, 짧은 대패, 소대패, 곧날대패, 실대패와 홈을 파내는 홈대패가 있다.

얼레빗 제작에 주로 사용하는 대패는 일반 소목대패인 평대패로 목재 표면을 곱게 다듬는데 사용한다. 다만 빗의 크기가 작기 때문에 일반 대패 중에서 크기가 작은 중대패나 소대패, 그리고 소용에 따라 더 작은 크기의 대패들이 사용된다.

평대패

톱

얇은 쇠의 한쪽 면에 일정 간격으로 톱니를 내어 틀에 끼워서 밀고 잡아 당겨서 나무나 돌을 자르는데 쓰는 연장이다. 가공하고자 하는 재료의 재질과 형태, 크기 등에 따라 다양한 종류의 톱이 사용된다. 일반적으로 사용하는 톱은 '왜톱' 이라고 해서 일본에서 유입된 톱인데 당겨쓰는 방식이다. 반면 우리나라 전통 톱은 원래 탕개톱으로 밀어 쓰는 날이며 인거톱이나 활톱, 쥐꼬리톱도 밀어 쓰는 톱이다.

얼레빗을 제작할 때는 일반톱, 탕개톱 뿐만 아니라 쥐꼬리톱, 곱창톱(실톱), 전기를 사용하는 띠톱, 원형톱 등 용도에 따라 다양한 톱이 사용된다. 이밖에 최근 작업시간의 단축과 편리를 위해 띠톱이나 둥근톱과 같은 소목용 전기톱, 연마기 등을 사용하기도 한다.[9]

일반톱　● 빗을 만드는 원목을 켜고 자르는데 일반적으로 쓰이는 켜는 톱(톱니가 크고 깊다)과 자르는 톱(톱니가 작고 촘촘하다)으로 목재를 규격에 맞춰 재단한다. 보통 당겨쓰는 왜톱날이며, 요즈음은 전기톱인 원형톱으로 대치되고 추세이다.

탕개톱　● 우리나라 전통톱으로 일반톱과 톱질의 방향이 반대인 밀어 쓰는 톱이다. 밀어 쓰는 톱은 몸무게를 실어 쓰기 때문에 힘이 덜 들고 얇은 판자를 일직선으로 자를 수 있기 때문에 능률이 높다. 톱날의 종류에 의해 켤톱, 자름톱, 도래톱으로 부른다.

특히 탕개톱은 일반톱과 다르게 톱날의 각도를 조절할 수 있기 때문에 소목에서는 다양한 용도로 사용할 수 있다. 일반톱과 다르게 톱양, 톱니, 톱손, 톱소매, 탕개줄, 탕

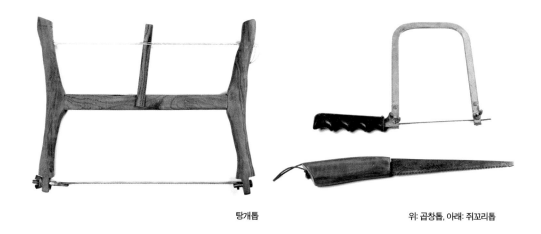

탕개톱

위: 곱창톱, 아래: 쥐꼬리톱

개 등으로 구성되는데 톱날은 양쪽 손잡이 하단부에 끼워 핀과 같은 못으로 고정시킨다. 양 손잡이 중간에 대나무를 대고, 손잡이 상부 사이에 줄을 잇고, 줄 가운데 탕개목을 끼워 돌려 톱을 팽팽하게 조절한다.

곱창톱(실톱) ● 톱니 부분이 가늘고 길게 실 모양으로 된 톱으로 손잡이가 달린 등쇠에 끼워 사용한다. 곡선 등 섬세하게 외형을 절단할 때 사용하는 톱으로 판재에 구멍을 내고 이 구멍에 톱날을 끼워서 도안대로 도려낸다. 쥐꼬리톱보다 더 정교한 곡선을 오려낼 때 사용한다. 살밀이가 끝난 얼레빗의 외형을 따내거나 투각 등 조각장식에 주로 쓰인다.

쥐꼬리톱 ● 얇고 좁은 강판의 한쪽으로 톱니를 낸 작은 톱이다. 두꺼운 판재를 곡선으로 오려 내거나 구멍을 크게 도려낼 때 사용한다. 몸의 폭은 좁지만 두께

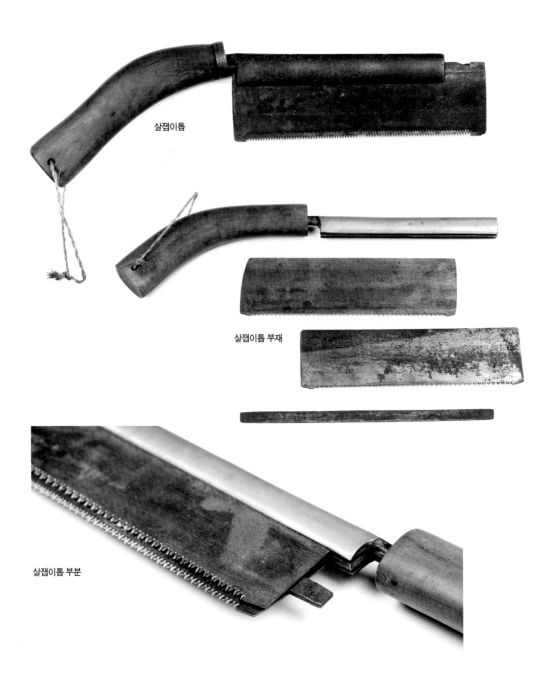

살잽이톱

살잽이톱 부재

살잽이톱 부분

는 비교적 두꺼운데 톱날 쪽으로 갈수록 가늘어지고 얇아져 끝 부분은 송곳처럼 뾰족하다. 이 모양이 쥐꼬리처럼 생겼다 해서 쥐꼬리톱이라 하며, '돌림톱', '톱칼'이라고도 한다. 톱니는 나뭇결의 직각 방향으로 판재를 자를 때 사용하는 '자르는 톱니'와 판재를 섬유 방향으로 켤 때 사용하는 '켜는 톱니'의 중간 형태인 막니로 되어 있다. 막니는 두꺼운 판재를 곡선으로 자르면서도 정교하게 자를 수 있기 때문이다.

살잽이톱　● 빗살을 켤 때 사용하는 톱으로 톱날이 이중으로 되어 있다. 프레임에 두 개의 톱날을 간격을 두고 두단으로 겹쳐서 끼워 사용하는 방식이다. 두 톱날의 중앙을 가로지른 지름쇠를 아래, 위로 움직여서 톱날의 간격을 조절해서 살을 켜면 빗살의 간격이 조정된다. 톱날은 본날과 첩날로 나뉘며 본날이 첩날보다 길게 내려온다. 사용할 때는 살틀에 빗을 고정하고 빗과 45도 각도를 유지하면서 직선으로 빗살을 켜나간다.

줄

줄(검환)　● 줄은 목공 또는 금속 공작에서 표면을 깎아 편평하게 하거나 다듬기 위해 쓰이는 연장이다. 보통 강철로 된 표면에 평행한 골이 대각선 방향으로 나 있으며, 손잡이 부분을 부착하기 위해 맨 끝은 대개 가늘게 되어있다. 날을 세운 방법에 따라 한줄날, 두줄날, 세줄날, 날의 거칠기에 따라 거친날,

중간날, 고운날 등으로 구별된다. 또, 단면의 모양에 따라 각형(角形), 평형, 삼각형, 원형, 반원형 등이 있다. 얼레빗을 만들 때에는 빗의 몸체를 전체적으로 연마하여 다듬을 때 사용한다.

살밀이줄   ● 살잽이가 된 빗살을 매끄럽게 다듬기 위해 사용하는 줄로 삼각형의 양면에 날이 서 있다. 사용할 때는 살밀이 틀에 빗을 고정하고 빗살과 15도 각도를 유지하면서 빗살 전체를 한번, 45도 각도로 빗살 끝부분을 한 번 더 밀어서 빗살을 완성한다.

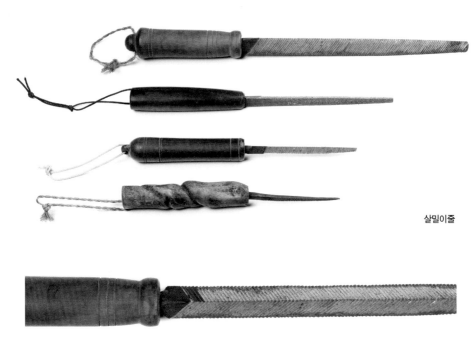

살밀이줄

살밀이줄 부분

작업대

톱질, 대패질, 살잽이, 살밀이 등 빗을 제작할 때 편리를 위하여 목재나 빗을 고정시켜 놓고 일정 작업을 할 수 있는 작업대가 필요하다. 대개 서거나 앉아서 작업할 수 있는 높이의 작업대에 빗을 고정시킬 수 있는 고정장치를 설치한다.

대패틀 ● 대패질을 할 때 목재를 고정시켜 놓는 작업대를 말한다. 일반적으로 허리 높이 정도의 작업대 위에 목재를 고정할 수 있는 장치를 설치한다. 장인의 체구와 목재의 규격, 작업용도에 따라 크기와 높이, 형태를 달리하며 고정장치를 조절할 수 있게 만든다. 얼레빗을 제작할 때는 빗의 크기가 작기 때문에 작업대의 한쪽에 빗의 크기와 두께 만큼 경사지게 홈을 파서 빗을 고정시키고 대패질을 하면 자연적으로 사면(斜面)을 매끄럽게 다듬을 수 있다.

대패틀

살틀

　살틀　　　● 살잽이톱으로 빗살을 켤 때 빗을 고정시켜 놓고 작업하기 위해 만든 작업대이다. 빗을 고정시킬 위치의 한쪽 끝에 구멍을 뚫은 뒤, 고정목을 경사지게 박아 놓고 나무 방망이로 고정목의 아래, 위를 쳐서 빗의 길이에 맞게 고정목의 높낮이를 조절한다.[10] 오직 얼레빗 제작 때만 필요한 작업대로 대개 장인의 앉은 키에 맞게 장인이 직접 만들어 사용한다.

　살밀이틀　　　● 살잽이가 끝난 빗살에 살밀이를 할 때 사용하는 작업대이다. 줄질하기 알맞은 높이에다 빗을 고정시켜주는 역할을 한다. 빗 고정방식은 살틀과 같으나 살틀에서는 빗 고정 장치가 작업대 안쪽에 있는데 반해 살밀이틀은 빗 고정 장치

살밀이틀

가 작업대의 바깥쪽에 설치되어 있다. 이는 안에서 바깥쪽으로 진행되는 줄질의 방향
에 맞춘 것이다.

얼레빗틀　　● 얼레빗을 만들 때 가장 다양한 용도로 사용되는 작업대이다. 앉
아서 작업하기 편한 높이와 크기로 제작한 나무 작업대로 한쪽 끝에 얼레빗을 세워서
고정시킬 수 있는 장치를 달아 놓고, 필요한 위치에 얼레빗을 뉘어서 고정시킬 수 있
는 경사진 홈을 파놓는다. 도안이나 마름질, 조각, 검환질 등 다양한 작업을 하기 위한
받침대이다.

접착제

부레풀(魚膠)　　● 민어의 부레를 끓여서 만든 접착제로 진교(眞膠), 어교(魚
膠)라고 부른다. 전통 공예용 접착제로는 아교와 부레풀이 대표적인데 아교가 동물
성 추출물인 반면 부레풀은 민어의 부레에서만 얻을 수 있다. 부레풀은 접착성이 아
교(阿膠)보다도 뛰어나 주로 목공예품을 만들 때 쓰인다. 특히 이 풀은 수용성이라 나
전(螺鈿)이나 화각(華角)을 붙이고 풀기를 물로 씻어낼 수 있어 요긴하다. 또 유동적
인 접착면에서도 적정한 탄력성을 지니며 지속적인 교착 강도가 매우 높아 일반 목가
구나 공예품 뿐만 아니라 활과 같이 유동적인 소재들의 접착제로도 즐겨 쓰어 왔다.
아교나 화학 접착제가 일반화되기 전까지는 가장 많이 쓰이던 접착제이며, 지금까지
도 전승공예분야에서 필수적인 재료로 사용되고 있다.
　부레풀과 아교 모두 불순물을 제거하고 저온에서 달이다가 건조시켜 고체상태로
보관하며, 사용할 때는 다시 물에 중탕하여 사용한다.

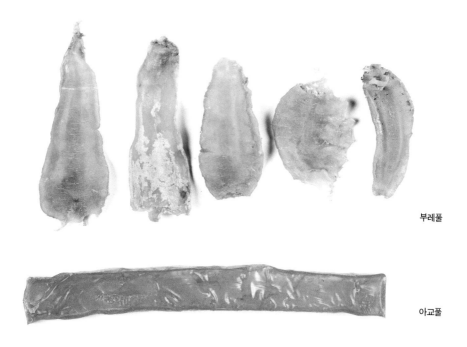

부레풀

아교풀

아교(阿膠) ● 갖풀이라고도 불리는 아교는 동물성 조직, 특히 동물의 뼈, 어류, 카세인(우유 고형물질) 등에서 추출해 낸 젤라틴과 유사한 점착성 물질을 말한다. 목공예용으로는 일반적으로 소의 뼈나 가죽에서 추출한 콜라겐을 가열, 용해하여 얻는데 사용방법은 부레풀과 같다. 점성도가 높고 접착력이 커서 합성수지 접착제가 나오기 전에는 공업용·일반용으로 널리 사용되었으나 습기에 약하다는 결점이 있다.

기타

그밖에 조각도, 끌, 망치, 사포 등이 쓰인다.

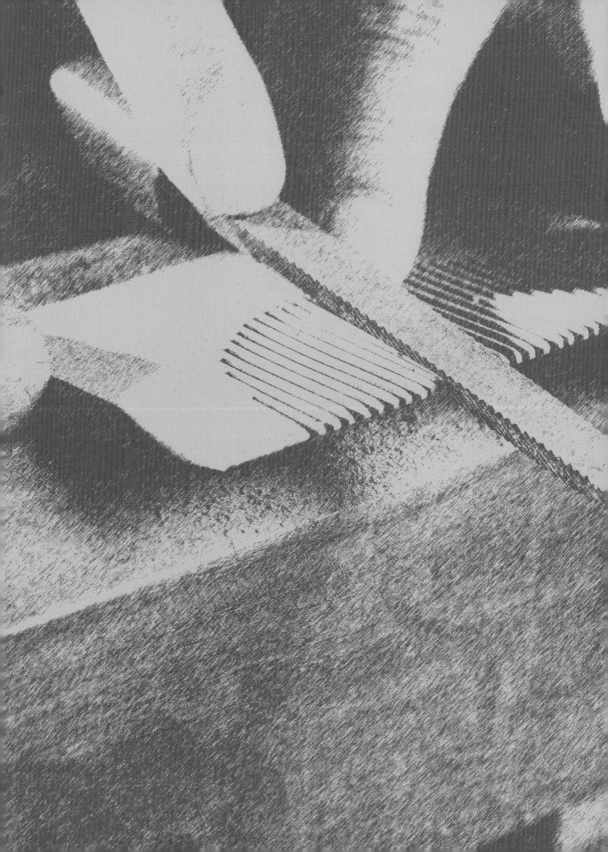

4 전통 얼레빗의 제작공정

판재로 자른 후 세워서 건조시키기

    목제 얼레빗을 제작할 때 가장 먼저 할 일은 목재의 선정이며, 선정된 목재를 판재로 가공하여 건조시키는 과정까지는 반달빗과 면빗, 가리마빗, 상투빗, 음양소 등 모든 얼레빗류가 같다. 선택된 목재는 목심(중심)부분과 변형이 심한 변재부분을 피해서 준비한 후 곧은결 방향으로 마름질해서 판재를 마련한다. 판재가 마련되면 건조과정을 거치게 되는데 판재를 횡으로 쌓아서 건조하는 횡건조법보다 세워서 건조하는 종건조법이 변형이 덜하다.

    목재를 건조할 때는 자연건조법과 중탕건조법이 사용된다. 자연건조법은 목재를 몇 개월 동안 자연 상태에서 방치하는 방식으로 비도 맞히고 바람도 쏘여 변형이 이루어지고 결이 삭으면 음지에서 건조시켜 사용한다. 이 방법은 시간이 많이 걸리고 나중에 변형이 큰 편이다. 반면 중탕건조법은 자비법이라고도 하는데 목재를 열탕에 2~3시간 끓여 내거나 쪄낸 후 자연상태에서(음달) 건조시키는 방법으로 건조기간이 반으로 줄어든다. 또 조직이 연해져서 가공이 쉬워지며, 나중에 변형이 적은 장점이 있다. 그렇지만 목재의 탄력과 광택이 감소되는 단점이 있다.[1]

01 반달빗

전통 얼레빗을 대표하는 반달빗은 대략 좌우 길이 8~10cm, 높이 5~6cm 정도의 규격으로 만들며 빗살의 성글기는 크기에 따라 조금 차이가 있다.

재료 준비[2]

① 얼레빗을 만들기 위해서는 무늬결의 방향과 빗살의 방향이 일치해야 하기 때문에 목재가 선정되면 적절한 부위를 원하는 규격에 맞춰 판재로 잘라서 건조시킨다.

② 목재가 완전히 건조된 상태에서 변형이나 균열이 없는지 확인한다.

③ 선택된 목재를 두께 1~1.5cm 정도, 크기는 만들고자 하는 빗의 규격보다 20mm 정도 여유 있게 잘라서 준비한다.

마름질

① 규격대로 자른 판재의 앞, 뒷면을 평대패로 다듬는다. 이때 한 쪽 방향으로 비스듬히 경사지도록 나무의 양면을 다듬는데, 빗의 손잡이에 해당되는 빗등 부분을 8㎜ 가량으로 두껍게, 빗살 부분을 얇게 2㎜ 정도가 되도록 작업을 한다. 이때는 경사지게 홈을 판 대패틀에 판재를 고정시키고 대패질을 하면 용이하다.

② 다듬은 백골에 본을 대고 원하는 모양으로 도안한다. 이 때 판재의 앞, 뒷 양면에 똑같이 그린다.

③ 검환과 사포를 이용하여 빗살면을 매끄럽게 갈아낸다.

빗살켜기(살잽이하기)

① 빗살면에 빗살 간격을 표시한다.

② 빗살의 간격에 따라 살잽이톱의 날의 간격을 조정한다.

③ 살틀 위에 빗을 고정시킨 후 살잽이톱으로 한쪽 끝에서부터 빗살을 켠다. 이때 살잽이톱 본날이 빗의 끝 쪽에 와야 한다. 즉 톱에 따라 본날이 왼쪽, 또는 오른쪽에 있기 때문에 본날이 빗의 끝쪽에 닿는 곳에서부터 살을 잡아 나간다.[3] 이 때 빗과 톱날의 각도를 45도로 유지해야 하며, 빗살은 직선을 유지하도록 주의 한다.

살밀이하기(살줄질하기)

① 빗살간격에 맞는 규격의 살밀이줄로 빗살 전체에 살밀이를 한다. 살밀이틀에 빗을 고정 시킨 후 안에서 바깥 쪽으로 줄질을 하는데, 먼저 빗 몸체와 줄의 각도를 15도 정도로 유지하면서 빗살 전체를 살밀이 한다.

	2
1	3
	4

1_ 대패로 판재 다듬기
2_ 목재 앞뒷면에 도안그리기
3_ 살잽이 톱으로 빗살켜기
4_ 살밀이줄로 빗살 다듬기

② 첫 번째 살밀이가 끝난 다음 빗살 끝부분만 45도 각도로 한 번 더 밀어주면 빗살 끝이 뾰족해진다.

③ 검환과 다듬이칼로 빗살모양을 세밀하게 다듬는다.

빗 외형 자르기(빗등켜기)

빗살이 완성되면 곱창톱 또는 소형 탕개톱, 쥐꼬리톱으로 밑그림에 따라 빗의 외형을 오려낸다.

줄(검환)질 하기

① 반달빗 몸체의 절단면을 줄(검환)을 이용하여 다듬는다. 이때 소형 평대패를 사용하기도 한다.

탕개톱으로 빗외형 자르기

검환으로 표면 다듬기

② 줄(검환)과 사포를 이용하여 빗살면을 매끄럽게 갈아낸다.

조각과 장식

① 완성된 빗은 아무 문양 없이 옻칠이나 기름을 먹여 마무리하기도 하지만 반달빗의 특성에 따라 조각이나, 화각, 상감 등 화려하게 장식을 하기도 한다. 장식에 주로 사용되는 문양으로는 화조문양, 포도문양, 사군자문양, 장생문양, 불로초문양, 여의문양, 송학, 팔보문양 등 전통문양을 참고한다.

② 조각장식을 할 경우 도안에 따라 평칼, 홈칼, 창칼, V형칼, 끌칼, 호비칼 등 여러 종류의 조각칼을 이용하여 조각한다.

③ 화각장식을 할 경우 0.5㎜ ~ 1㎜정도 얇게 다듬어진 각재(角材) 뒷면에 당채로 그림을 그리고 알맞게 잘라서 부래풀로 몸체에 붙인다. 표면을 고운 사포(검환 및 상어껍질)로 다듬은 다음 간장을 사용하여 표면 광택을 낸다.

④ 접목장식을 할 경우 도안대로 빗 표면을 파내고 뼈나 대모 등 접목 재료를 부래풀로 붙여서 고정시킨다.

마무리 손질

① 조각 및 장식이 끝난 반달빗은 검환과 여러 종류의 사포를 사용하여 빗살 및 몸체를 곱게 사포질을 한다.

② 사포질로 매끈하게 다듬어진 반달빗을 칠(주칠, 흑칠)을 하거나 식물성 기름을 먹여서 마무리를 한다. 이 때 식물성 기름으로는 피마자유, 호두기름 등을 사용하며, 기름솔로 빗의 표면에 골고루 칠한 후 어느 정도 먹어들면 같은 작업을 3번 정도 반복

제작이 끝난 빗에 기름먹이기

완성된 반달빗

하면서 자연건조시킨다.

　③ 마지막 손질이 끝난 빗에 장식(칠보, 은, 매듭)을 달기도 하는데, 대부분 서민적

인 빗은 칠이나 기름먹이기 작업으로 끝이 난다.

02 면빗

면빗의 재료, 제작 도구, 제작공정은 반달빗과 같지만 전체적인 크기가 반달빗보다 작고 빗 폭이 좁으며, 장식 부재료가 더해지는 경향이 있다. 또 빗살간격도 반달빗 보다 가늘고 촘촘하게 켜낸다. 형태는 반달빗과 같은 형태로 만들기도 하고 사용하기 편리하게 손잡이 역할을 하도록 빗몸의 길이를 15㎝ 정도 길게 만들기도 한다. 또한 그 끝을 뾰족하게 하여 가리마빗 기능을 겸하도록 만들기도 한다. 장식으로 빗등에 조각이나 투각을 하기도 하고 접목기법으로 장식하기도 한다.

03 음양소

음양소의 재료와 기본 제작과정은 반달빗과 같다. 다만 양쪽 면에 간격이 다른 빗살이 달리기 때문에 형태나 세부 작업과정에 차이가 있다. 음양소를 만드는 방법은 두가지가 있는데, 하나는 빗몸 양쪽 면에 빗살을 켜서 만드는 방법이고, 다른 하나는 간격이 다른 빗살을 켠 빗 두 개를 빗등을 맞대어 붙여서 만드는 방법이 있다.

한 몸으로 만드는 음양소

재료준비 및 마름질 ● 반달빗의 재료준비와 같지만 양쪽에 빗살이 달리기 때문에 규격에 차이가 있을 뿐이다.

① 규격대로 자른 판재의 앞, 뒷면을 평대패로 다듬는데 반달빗과 다르게 양쪽 면으로 비스듬히 경사지도록 다듬는다. 이 때 빗등에 해당하는 가운데 부분을 8㎜ 가량으로 두껍게, 빗살 부분을 얇게 2㎜ 정도가 되도록 작업을 한다.

② 다듬은 백골에 본을 대고 원하는 모양으로 도안한다. 이 때 목재의 앞, 뒤 양면에 똑같이 그린다.

③ 검환과 사포를 이용하여 빗살면을 매끄럽게 갈아낸다.

빗살켜기와 살밀이 ● 빗살켜기와 살밀이 과정은 반달빗과 같으며, 다만 양쪽의 빗살 간격을 한쪽은 굵고 성기게, 한쪽은 가늘고 촘촘하게 만든다. 살의 간격에 따라 살잽이톱의 간격과 살밀이줄의 크기를 달리 사용한다.

살잽이와 살밀이까지 끝낸 음양소

완성하기 ●

① 장식이 없는 음양소는 반달빗과 같은 마무리 과정을 거친다.

② 완성된 음양소에 옻칠이나 기름칠로 마무리한다.

②-1 완성된 음양소의 빗등과 빗 양쪽 끝부분인 마구리부분에 장식을 하기도 하는데 대개 화각이나 접목기법으로 장식한다.

두 빗을 맞붙여 만드는 음양소

반달빗의 재료준비와 같지만 두 빗을 하나로 맞붙여야 하기 때문에 판재의 규격이 다르다. 완성된 빗의 높이의 반 크기의 판재를 두 개 준비해야 하며 그 다음 과정은 반달빗과 같다. 다만 두 개의 빗의 빗살 간격을 한쪽은 굵고 성기게, 한쪽은 가늘고 촘촘하게 만들며, 완성된 두 빗을 서로 빗등 쪽을 맞대어 부레풀로 접목시킨다. 이때 접목부위가 분리되는 것을 막기 위해 뼈나, 뿔 등 부재료를 마구리용으로 마감질하여 마구리에 부레풀로 접목시킨다.[4] 마지막으로 얇게 켠 나무, 대나무, 화각, 대모, 뿔 등을 빗의 길이에 맞춰 잘라서 빗등 중앙에 덧붙이는데 빗의 앞, 뒤 양쪽에 모두 접착시켜서 접목부위를 가리는 동시에 보강재 역할과 장식 역할을 겸한다.

04 상투빗

머리카락을 빗기만 하는 상투빗의 제작과정은 반달빗과 같지만 상투를 고정시키는 기능도 겸하는 상투빗은 제작방법이 다르다.(161쪽 사진 참조)

먼저 규격대로 자른 목재로 빗등은 밤알모양으로 1/4원형으로 만들고, 빗살을 끼우는 부분은 평면이 되게 하여 가로 4㎝, 세로 8㎝, 깊이 1㎝의 홈을 판다. 다음 살잽이가 끝난 몸체를 빗등의 홈에 부레풀과 더불어 끼워 넣는다. 이 경우에는 빗살부분은 반달빗과 마찬가지로 대추나무, 대나무, 박달나무, 유자나무, 살구나무, 뼈 등을 사용하고 빗등 부분에 뿔이나 뼈, 대모 등 부재료를 접목기법을 이용하여 병용한다.

05   가리마빗

가리마빗은 반달빗과 형태가 다르기 때문에 규격이 다른 판재를 준비하는 것을 제외하고는 살밀이 과정까지 반달빗 제작과정과 동일하다. 그렇지만 반달빗에 비해 폭이 좁고 높이가 15㎝ 내외로 길기 때문에 나무로 만들 경우 빗살과 빗꼬리 방향을 곧은결로 해야 부러지거나 휘어질 염려가 적다. 쇠뿔로 만들 경우에는 뾰족한 부분을 뿔의 상부로 삼아야 한다.

가리마빗이 구조상 휘어지거나 부러지기 쉬운 빗꼬리 부분을 다른 부재를 사용하여 보강하기도 한다. 대개 살밀이까지 끝낸 가리마빗의 빗꼬리 부분에 대나무 또는 대모를 얇게 떠서 빗등에서부터 빗꼬리까지 길게 덧붙인다. 이 때 대나무는 마디가 없는 부분을 파죽한 후 연한 불로 열을 가해서 빗등 모양과 비슷한 곡선으로 구부린 다음 아교풀을 사용하여 빗등에 접목을 하며, 접목할 때는 노끈 또는 고무줄로 완전히 접착될 수 있도록 동여맸다가 완전히 접착된 후 풀어낸다. 대모를 사용할 때는 미리 중탕 그릇을 준비하여 중간중간 대모를 데워 성형이 잘되도록 부드럽게 만들면서 작업한다.

06 살쩍밀이

살쩍밀이는 모양도 제작과정도 단순하다. 다른 얼레빗과 같은 목재로도 만들지만 대개 고급품인 대모나 상아, 쇠뿔, 쇠뼈로도 만든다. 모든 재료는 폭 15㎜, 두께 5㎜, 길이 70~90㎜ 규격으로 준비하며, 도안대로 마름질 후 검환과 사포로 매끄럽게 다듬는다.

5 목소장의 전승현황

01 목소장의 전승

목소장(木梳匠)은 목소(木梳), 즉 얼레빗을 만드는 장인을 일컫는다. 목소장은 고려시대 어용(御用) 장식기구와 제작을 담당했던 중상서(中尙署)와 관아(官衙)에 관장(官匠)으로 소속되어 있었다. 이는 왕실과 관청에 빗을 납품하기 위해 목소장을 관장으로 제도화시킬 정도로 얼레빗의 수요가 컸다는 것을 말해준다.

조선시대의 기록으로 『경국대전(經國大典)』에 공조(工曹)와 상의원(尙衣院) 소속 경공장(京工匠) 중 목성장(木省匠)[1]과 함께 목소장이 기재되어 있다. 그리고 『대전회통(大典會通)』에도 경공장에 목소장과 소성장(梳省匠, 목성장과 같음)이 포함되어 있다.[2] 또 『조선왕조실록(朝鮮王朝實錄)』 연산군(燕山君) 조에 '목소장(木梳匠) 이춘산(李春山)이 근래 궁내에서 일한 지 오랜데…', [3] 라는 소절에서 목소장의 이름이 언급되어 있어 궁내에서 활동하던 목소장의 존재를 확인할 수 있다.

이처럼 관장(官匠)이 존재했다는 사실은 역으로 사장(私匠)의 존재를 반증한다. 앞에서 살펴본 바와 같이 전통 빗은 생활필수품으로서 일정 수요에 따른 공급이 이루어졌다. 이에 따라 근대 초기까지도 마을마다 '빗장이' 들이 있었다. 그러나 1895년(고종 32)에 '위생에 이롭고 작업에 편리하다' 는 명분으로 단발령(斷髮令)이 내려졌고 속수무책으로 잘려진 상투처럼 얼레빗은 우리 곁을 떠나기 시작했다.[4] 더욱이 근대기 신여성들을 중심으로 퍼머머리가 유행하기 시작하면서 전통 얼레빗의 설자리는 더욱 줄어들었다. 그리고 결정적으로는 1960년대 들어 국내에서 플라스틱 빗이 생산되기 시작하면서 얼레빗 장인들은 전업을 할 수 밖에 없었다. 이로써 수천년을 이어

온 얼레빗은 족보 없는 싸구려 플라스틱 빗에 밀려 자취를 감춰 버렸다. 전하는 말로는 1960년대 말까지만 해도 지역마다 나름 이름 있는 장인이 있었다고 한다. 그리고 70년대 초반까지도 드물지만 사용되고 있었으나 지금은 흔적도 찾을 수 없으며, 우리의 장구한 얼레빗 전통은 단절될 위기에 처하게 되었다. 이제 전통 목소장의 계보를 찾을래야 찾을 수가 없게 된 것이다.

그러나 2010년 그 끈을 놓지 않고 얼레빗 제작에 매진하던 한 장인이 드디어 전통 얼레빗 기능 보유자로 국가로부터 인정을 받게 되었다. 가업을 통해 전통 얼레빗 제작 기능을 전수받은 공주 목소장 이상근씨가 그 주인공이다.

02   목소장 이상근

오늘날 우리나라 사람들 중에서 전통 얼레빗을 알고 있는 이가 몇이나 될까? 아마도 노년층들의 기억 속에나 희미하게 남아 있으리라. 그리고 그들의 손에도 지금은 얼레빗 대신 플라스틱 빗이 들려 있을 것이다. 이처럼 전통 얼레빗이 사람들의 기억 속에서 조차도 잊혀져가고 있다 보니 찾는 이도 거의 없다. 그러니 그 많던 빗장이들이 전부 사라질 수밖에…다행히도 사라져 가는 기억을 이어줄 장인을 공주 계룡산 기슭에서 찾았다. 충남 공주시 계룡면 구왕리에 사는 이상근(53)씨가 지난 2010년 충청남도 무형문화재 제 42호 공주 목소장 기능보유자로 지정된 것이다.

1
2

1_ 목소장 이상근
2_ 충청남도 무형문화재 제 42호
   공주 목소장 기능보유자 인증서

이상근 목소장은 우리나라에서 한 명밖에 없는 전통 얼레빗 장인으로 계룡산 자락에서 30여년 동안 얼레빗을 만들어왔다. 원래 그의 고향은 공주가 아니지만 얼레빗을 만들 대추나무를 찾아 대추의 고장 연산에 왔다가 이곳 계룡산 기슭 갑사 근처에 정착한지 25년이 넘었다. 그는 경북 예천출생이나 부친을 따라 강원도 태백으로 이사를 해 그곳에서 어린 시절과 청년기를 보냈다. 집안이 선대부터 목수일을 해 왔는데 태백에서는 제법 큰 편이었다. 그래서 그가 기억하는 어린 시절은 부친의 공방을 벗어나지 않는다. 톱질, 대패질 소리, 그리고 뚝딱 만들어내던 조그마한 빗들과 빗접과 같은 소목가구들로 둘러싸인 공방에서 자란 그는 어려서부터 손재주가 뛰어나서 틈틈이 선친 일을 도우며 어깨 너머로 기술을 익혔다.

그러나 그의 부모님은 그의 재주도, 또 그가 목공일을 하는 것도 원치 않으셨다. 사실 그의 집안은 대대로 공조에서 관직을 하던 집안이었고, 조부는 공예품 만드는 솜씨가 좋아 고종 때 왕실 공방에 불려다니기도 했다고 전한다. 그리고 선친이 얼레빗과 소목가구들을 다루던 공방을 운영하셨는데, 일제의 단발령 이후 얼레빗 제작이 사양길에 접어들면서 '목수'는 먹고 살길 조차 막막한 직업이었기 때문이었다.[5]

이러한 부모님의 뜻에 따라 그는 교사의 길로 들어섰으나 40여일 만에 교사직을 그만두고 부친 몰래 전국을 떠돌며 목공일을 배웠다. 목공이 천직이라는 생각을 버릴 수 없었기 때문이었다고 한다. 처음엔 소목일 전반을 다루었는데, 1982년부터는 섬세한 조각에 매료되어 지금까지 얼레빗에 매진하고 있다. 물론 어린 시절부터 어깨 넘어로 배운 기술이 바탕이 되었음은 두말할 필요가 없다. 그의 부친 이은우(1996년 작고)씨는 이를 매우 못마땅하게 여겼지만 그가 1983년 전국공예품경진대회를 비롯하여 각종 대회에서 얼레빗으로 상을 받기 시작하자 "세상이 좋아지니 빗으로도 나라에서 상을 주는 구나"며 타고난 재능이 집안 내력임을 인정하셨다. 그리고 돌아가실 때까지 그의 얼레빗 스승이자 그가 어려운 역경을 딛고 얼레빗 제작에 매진할 수 있도록 든든한 지원군이 되어주셨다.

얼레빗을 만드는 동안 그의 부친이 우려했던 것처럼 생계에 대한 어려움과 고통이 고비마다 그를 위협했다. 이처럼 얼레빗을 알아주는 이도 없고, 찾는 이도 없는 상황에서도 우리의 전통 얼레빗을 이어가겠다는 그의 고집으로 결국 2003년 '국가지정 민족고유기능 전승자'로 선정되었기에 이르렀다. 그 후 그는 더욱 더 얼레빗에 몰두하여, 전통 얼레빗의 제작뿐 아니라 전수관을 설립하고 후학을 가르치는 등 전통문화 계승에 앞장서고 있다. 물론 처음부터 사명감으로 빗을 만들지는 않았다. 한때는 "배운 일이 이것뿐이라 먹고 살기 위해 빗을 만들던 시절도 있었다"고 한다. 하지만 마음으로 빗을 만들기 시작하면서 빗 만드는 일은 그의 천직이 되었다.

이상근 목소장은 전통 얼레빗을 복원하기 위해 옛 문헌과 유물들을 열심히 찾아 연구한다. 이미 단절되다시피 한 얼레빗을 제작기술에 대해서도 자신이 부친에게 배운 기술 외에 빠진 것은 없는지, 더할 것은 없는지 끊임없이 연구하고 자문하며 작업을 해왔다고 한다.

그래서 그동안 만들어온 얼레빗은 옛날 사대부 계층에서 주로 이용하던 대모빗, 조각빗, 장식빗, 주칠빗과 서민들이 주로 사용했던 나무 반달빗, 면빗, 상투빗, 가르마빗, 살쩍밀이 등 전통 얼레빗 그대로이다. 그리고 이제는 그 전통 얼레빗에 현대적인 감각을 더하고 그만의 색을 입힌 얼레빗으로 새로운 전통을 만들어 가고 있다. 요즈음 그는 아무 조각을 하지 않아 담백한 맛을 내는 얼레빗과 조각이나 화각, 접목 등으로 화려하지만 요란스럽지 않고 단아한 멋이 나는 장식빗 등을 다양하게 만들어 내고

목소장 이상근씨의 작품 1

있다. 그리고 그 바탕엔 항상 그가 생각하는 전통과 자연과 예술이 숨 쉬고 있다.

　그는 주로 80~100년 이상 되어 직경 10㎝ 정도 되는 대추나무를 쓰는데, 전통적으로 얼레빗에 쓰이던 나무들 중 구하기도 쉽고 빗 재료로 알맞기 때문이다. 특히 얼레빗에 사용하는 나무는 제일 추운 날 잘라야 결이 치밀해져 빗을 만들기에 적합하다고 한다.⁶⁾ 그 외에도 종종 전국을 누비며 좋은 나무들을 찾아다니는데, 요즈음 배나무, 사과나무, 자두나무, 앵두나무, 복숭아나무, 감나무, 먹감나무 등으로 다양한 빗을 제작하고 있다. 독성이 없는 유실수로 만든 빗은 두피나 머리카락에도 좋기 때문이다.

　문양은 길상문양과 화조문양 등 전통문양 중에서 빗의 용도에 맞는 문양들을 주로 선택하며, 꽃이나 개구리 등 자연에서 볼 수 있는 소재들과 하회탈과 같이 우리 민속, 또는 전통미술 속에서 모티브를 찾아 그의 빗에 표현하고 있다.

또 화각기법이나 접목기법, 옻칠 등으로 화려하지만 번잡하지 않은 장식을 시도하는데 있어 이상근 목소장은 하나부터 열까지 과정을 혼자 해낸다. 쉽게 화각장에게 화각판을 사다가 붙이는 것이 아니라 온전한 황소뿔을 구입해서 모든 과정을 그의 손끝으로 그만의 방법으로 해결한다. 그래서 더욱 손맛이 난다고 해야 할까?

우리가 이상근씨를 국내에서 유일한 목소장이라고 하는 이유에는 전통 방식 그대로 얼레빗을 만드는 이가 그 외에 없다는 점 뿐 아니라 전통 공구와 그 제작기술 또한 빼놓을 수 없다. 그는 그의 부친에게서 이어받은 전통 공구들을 보유하고 있을 뿐만 아니라 30여년 동안 스스로 고안하고 제작한 공구들을 사용하고 있다. 특히 살잽이톱과 같이 얼레빗 전용

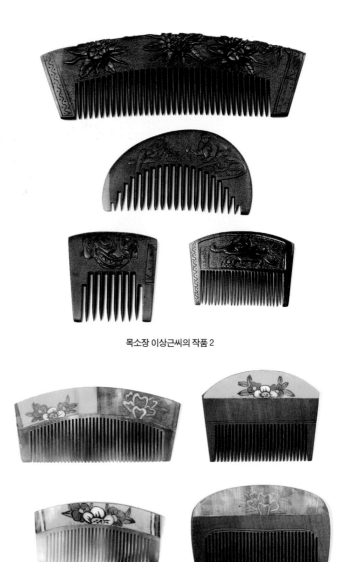

목소장 이상근씨의 작품 2

목소장 이상근씨의 작품 3

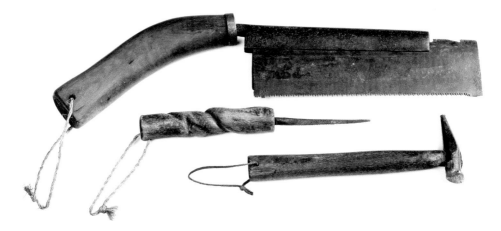

선대로부터 물려온 공구들

작업장 내부

도구들은 그가 톱살 하나하나 줄질하여 만든 전 세계에서 유일한 도구들이며, 다른 도구들도 마찬가지이다. 물론 예전 많은 빗장이들이 있었을 때는 상황이 달랐겠지만 현재는 얼레빗과 함께 얼레빗 장인, 얼레빗 제작공구, 공구제작장인 등 모든 것이 단절된 상황이기 때문이다.

이상근 목소장은 지금까지 30여 년 동안 수 만개의 빗을 제작해왔지만 똑같은 것은 한 개도 없다고 한다.[7] 만드는 빗마다 나무종류, 크기, 형태, 문양, 장식이 다르고, 만들 때마다 빗을 대하는 장인의 마음이 손 끝에 실리기 때문이다. 곧 그의 손끝에서 새로운 생명을 창조해 내는 마음이며, 이런 마음이 30여년을 한길로 매진해온 장인정신이다. 이는 장인이 쓴 '얼레빗 전에 부치는 글'을 보면 확연히 드러난다. 첫 번째 개인전을 하면서 장인은 스스로 자신이 제작한 얼레빗에 긴 헌시를 바쳤다.

내 본시 인간이 말하는 대추나무라 젊어 왕성할 때는 대추 많이 손끝에 달았는데, 근 백여 년 살다보니 기력만 쇠진하여 대추 몇 톨 안 열리니, 한 심술이 촉새입을 하고 다가와 톱으로 내 허리춤을 동강 내더라 – 거참! 요행. 다행. 아궁이 신세 면하는가 –

저 인간에게 등덜미를 잡혀 이 몸 이리 켜고, 저리로 마름질하며 분주히 살잽이톱을 놀리누나. 어허라 – 몸뚱이는 하나요, 팔다리는 수십이라 이놈 장인(匠人) 고이얀 심술보소. 수족을 수십개나 만들더니 말쑥한 몸뚱이는 이리 뜯고 저리 돌리고 이 쪽 저쪽 도려내더니, 에고 에고 내 본래 모습 간곳없어 우사스런 모습이나 아닐런지, 코를 뚫어 끈으로 동여매니 영락없는 얼레빗 자태구나.

'2002년 얼레빗 전'에 부쳐 – 이상근 씀

천수를 다한 대추나무는 이렇게 한 장인을 만나 불쏘시개 신세를 면하고 빗으로 다시 태어난다. 그가 새 생명을 불어넣는 것이다. 그렇지만 동시에 밤낮으로 자르고 깎아내는 대추나무에 대한 사죄이기도 하다. 그는 빗 만드는 솜씨 뿐아니라 이처럼 글과 그림, 조각의 솜씨가 뛰어나다. 그리고 그 솜씨는 빗으로 응결된다. 그의 빗에서 이야기를 읽을 수 있는 이유가 여기 있다.

03 전수현황

이상근 목소장은 각종 공예품대회 수상은 물론이거니와 어려운 상황 속에서도 개인전을 여는 등 얼레빗을 알리려는 노력을 계속 해왔다. 그 결과 2003년 민족고유기능 전승자로 선정되었으며, 2007년에는 유네스코 지정 우수 공예품으로 인증서를 획득했고, 2010년에 무형문화재 공주 목소장 기능보유자로 지정되었다.

무형문화재로 지정받기 전까지 그의 작업장은 비닐하우스였다. 수요가 많지 않은 얼레빗으로는 생계꾸리기도 쉽지 않았기 때문이었다. 그렇지만 2003년 '국가지정 민족고유기능 전승자'로 지정되고 나서는 어떻게든 힘들게 지켜온 얼레빗 전통을 전수해야한다는 책임감에 발로 뛰어가며 어렵사리 전시관 겸 전수관을 짓기 시작하였다. 최근에야 한옥 전수관이 완성되었고, 뒤이어 새 작업장도 마련하였다. 전수관 안에는 그가 모아온 빗유물 몇 점과 고증을 거쳐 재현한 전통 빗을 전시하고, 필요한 자료들

1_ 얼레빗 전수관
2_ 전수관 내부

을 구비하여 놓았다. 누구든지 와서 보고 배울 수 있는 공간을 만들고자 하는 그의 꿈의 시작이다.

현재 그는 고급재로 장식한 장식빗은 주문 생산을 하고 있으며, 일반 얼레빗은 온라인 쇼핑몰과 관광기념품상을 통해 판매하고 있다. 다행히 근래 우리 것에 대한 관심과 웰빙에 관한 관심이 차츰 고조되어가는 분위기와 맞물려 얼레빗이 무형문화재 종목으로 지정되면서 대중들에게 알려지기 시작했다. 안타까운 것은 이러한 시류를 틈타 값싼 중국제 얼레빗이 인터넷을 통해서나 싸구려 관광상품으로 유통되고 있는 현실이다. 모처럼 어렵게 만들어진 기회가 펴보지도 못하고 사장될 우려도 간과할 수 없다. 이 상황에서 우리가 기대할 수 있는 건 한번 그의 빗을 써본 사람들은 자연목재로 만든 그 손맛을 못 잊어 계속 쓰게 될 것이라는 믿음과 전통공예품을 보호해줄 정부의 정책 마련이다.

그가 바라는 것은 최근 야기되고 있는 얼레빗에 관한 관심이 일회성에 그치지 않고 얼레빗이 대중화되기까지 지속되었으면 하는 것과 전통 얼레빗을 전수하겠다는 전수자가 생겨나는 것이다. 2008년까지는 5년간 국비로 전수받던 제자가 2~3명 있었는데 모두 전업하고 현재는 혼자 작업하고 있다. 그만큼 상황이 어렵다는 것을 의미한다. 그래서 그는 얼레빗 제작 공구 및 제작과정, 공구제작법 등을 철저하게 기록하고 있고, 목판에 제작과정을 과정별로 새겨서 전시하고 있다. 국내 유일의 빗장이인만큼 책임감을 느낀다고 한다.

다행히 부인 황도순(50)씨와의 사이에 두 아들을 두었는데 큰아들(이태희, 29)은 직접 얼레빗을 만들지는 않지만 대학에서 문화재보존학을 전공하면서 아버지에게 이론적인 도움을 주고 있고, 둘째 아들 이보현(26)씨가 전수할 계획이어서 기대를 하고 있다.

최근에는 충북 영동군의 '폐과수목을 이용한 공예품 소재 기술 개발사업'에도 참여하여 사과, 배, 복숭아, 자두, 감 등 폐과수목을 이용하여 얼레빗 및 공예품개발에도 힘쓰고 있다.[8] 요즈음 잊혀져 가던 전통 옹기가 우리 생활 속에 되살아나듯이 얼레빗도 서서히 인정받고 있는 분위기를 놓치지 않으려는 노력의 일환이다. 그렇다고 그가 빛나기 위해서가 아니다. 그는 어디까지나 빗장이로서 항상 낮은 자리에서 빗을 제작할 뿐이고, 그저 잊혀져 가는 얼레빗을 알리고 자신은 얼레빗 장인으로 기억되길 바란다.

마지막으로 그는 "이러한 전통 수공예품들이 인정받고 우리색깔의 맥을 잘 이어갈 수 있도록 정부나 지자체의 행정적 지원과 관심 있는 분위기 조성이 필요하다"고 토로했다. 이와 관련하여 무형문화재 작품전시전과 시연전 등을 통해 예전보다 전통공예를 알릴 수 있는 기회가 늘어나는 추세이긴 하지만 좀 더 적극적인 정책적 지원이 절실한 상황이다.

04 목소장 이상근의 약력

1986-1998.   공예품 경진대회 23차례 수상
1999.   얼레빗 제1회 충남 관광기념품 공모전 대상

1999.	얼레빗 제29회 충남 공예대전 대상
1999.	구정특별초대작가전 대구백화점
2000.	내서날지오그래픽 선정 수록
2000.	KBS 6시 내고향 방영
2000.	얼레빗 제30회 충남 공예대전 장려상
2001. 03.	個人展 대덕 롯데갤러리
2001. 05.	제31회 충남 공예대전 장려상
2001. 11.	招待作家展 강남 신세계백화점
2002. 06.	個人展 대덕 롯데갤러리
2002. 08.	무주전국공예대회 장려상
2002. 12.	충청남도지정 전통문화 계승자 지정
2003. 09.	국가지정 민족 고유기능 전승자 지정
2007. 07.	유엔본부 초대전시
2007. 10.	유네스코 지정 우수 공예품으로 인증
2010. 05.	二人展 서울 갤러리 S '세월을 빚고 기억을 묶다'
2010. 07.	충청남도 무형문화재 제42호 공주 목소장 기능 보유자 지정

1장 우리나라 전통 빗의 개념과 역사

1) 조호익(曺好益, 1545~1609), 『지산집(芝山集)』, 가례고증(家禮考證) 第4卷 冠禮, '구씨(丘氏)가 말하기를, 즐(櫛)은 바로 머리를 빗는 빗(梳子)이다'

2) 『석명(釋名)』卷 4, 〈釋首飾〉에서는 '빗은 형태에 따라 梳와 比로 분류되는데 梳는 이가 성긴 것을 말하고, 比는 촘촘한 것을 일컫는다 梳言其齒疏也 數言比 比於疏其齒差數也 比言細相比也' 『釋名』은 한대의 훈고학자 유희(劉熙, 생몰년 미상)가 찬한 훈고의 자서(字書)로 명물(名物)의 훈고를 수록하고 성음(聲音)에 의하여 자의를 설명하였다.

3) 다만 상중(喪中)에는 빗질을 하지 않았는데, 겉치장을 돌보지 않는 행동으로 망자에 대한 상제의 송구스러운 마음을 표현한 것이다. 『小學』第2卷「明倫」 '관을 쓴 자는 머리를 빗지 않는다 冠者不櫛'

4) 도가서(道家書)인 『운급칠첨(雲笈七籤)』에 '아침저녁으로 머리를 빗되, 천 번씩 가득 채워 빗질을 하면 두풍을 영영 물리칠 수 있고, 머리털도 세지 않게 된다 晨夕梳頭 滿一千梳 大去頭風 令人髮不白'라고 한 데서 온 말로 선조들의 시문집 등에 등장한다; 서거정(徐居正, 1420~1488), 『四佳詩集』卷之五十一 第二十四 〈머리를 빗다 梳頭〉… 하루에 천 번을 빗는다는 선결이 있거니 一日千梳仙訣在…; 성혼(成渾, 1535~98), 『우계집(牛溪集)』第6卷 雜著 〈梳帖銘〉 '…하루라도 빗지 않으면 一日不治/ 몸에 병이 있는 듯하네 如疾在肌/ 일찍 깨어 새벽에 일어나서 夙寤晨興/ 천번 빗질하고야 만다네 千梳乃已/ 혹 게으른 사람을 보면 或看懶夫/ 머리가 쑥대처럼 흐트러져 頭蓬不理/ 위의가 어그러지고 마음이 거칠어서 儀乖心荒/ 마침내 멋대로 행동함을 좋아하네 乃嬉于肆…'; 『東醫寶鑑』 髮壽篇에도 빗질을 많이 하면 눈이 밝아지

고 풍을 예방한다고 나와 있다.

5) 머릿기름은 두발유(頭髮油), 정발유(整髮油)라고도 하는데 대개 식물성 기름을 사용하였다. 바른 뒤 끈끈하지 않고 향이 좋으며, 머릿결을 부드럽고 윤기나게 하는 것이 좋다. 특히 동백기름은 빗살의 수명을 오래가도록 할 뿐 아니라 머리카락과 두피를 보호하는데도 매우 효과적이며, 들기름은 빗에 칠하여 말린 다음에 빗질하면 검은 윤기가 오래 지속된다하여 선호되었다; 조선시대 사대부가 여성생활백과라고 할 수 있는 『규합총서(閨閤叢書)』에도 머리카락을 검고 윤기나게 하는 '흑발장윤법(黑髮 張潤法)'이 기록되어 있는 것으로 보아 전통적으로 두발관리를 중시하였음을 알 수 있다. 빙허각(憑虛閣) 李氏(1759~1824), 『閨閤叢書』(1809)

6) 중국 길림성 안도현 소재, 석곽봉무덤(추정연대 발해, 1990년 발굴)에서 출토 된 빗은 배부의 등선이 비교적 곧은 형태로 빗몸에 30여 가닥의 빗살이 달려 있다. 박윤무, 「안도동청 발해무덤」, 『발해사연구』 2(연변대학출판사, 1993), 209쪽.

7) 임린, 『한국여인의 전통 머리모양』(민속원, 2009), 62~63쪽. 김문자, 「삼국시대 머리 장신구에 대한 연구」, 『복식문화연구』 9(복식문화학회, 2001), 714쪽.

8) 『東史綱目』(1778), 卷 1, 上, '箕子朝鮮 元年, 敎民編髮蓋首…' ; 『증보문헌비고(增補 文獻備考)』(1908); 『五洲衍文長箋散稿』卷 15, 東國婦女首飾辨證設, '두발을 엮어 머리에 쓰기 시작한 것은 이미 단군에서부터이니 고속에서 연유한 것이다…究其本原, 則編髮蓋首 已自檀君時 乃是古俗所沿…'

9) 1997년 광주광역시 광산구 신창동 저습지 유적 발굴조사에서 목제 빗과 부재가 8편 출토되었다. 『광주 신창동 저습지 유적』 II(국립광주박물관, 국립광주박물관 학술총서 제 40책, 2001); 『광주 신창동 저습지 유적』 IV(국립광주박물관, 국립광주박물관 학술총서 제 45책, 2002), 79~85쪽.

10) 박영만, 「세틸알콜을 이용한 광주 신창동 저습지 출토 목제빗의 동결건조」 『박물관 보존과학』 11호(국립중앙박물관, 2011), 51~52쪽.

11) 가계(加髻)란 개인의 두발에 다른 소재를 부가하여 입체적으로 표현한 전통 머리모 양을 말한다.

12) 『안압지』, 국립경주박물관(통천문화사, 1997), 223쪽.

13) 『三國史記』興德王 9年(834) 〈服飾禁制〉 '眞骨女, 梳禁瑟瑟鈿玳瑁/六頭品女, 梳禁 瑟瑟鈿/ 五頭品女, 梳用素玳瑁己下/ 四頭品女, 梳用素牙角木/ 平人女, 梳用素牙角 己下'

14) 이 기록에서 언급된 슬슬(瑟瑟)이 바로 리움소장 〈장식빗〉에 장식된 청옥(靑玉)을 의미하므로 이 빗은 통일신라의 왕비나 공주 등 최상류층 여성들이 사용하던 수식 용 빗임을 알 수 있다.

15) 『經國大典』에는 일괄하여 목장(木匠)이라 하였는데, 다시 경공장의 직종에 목소장 (木梳匠), '목성장(木省匠)', '진소장(眞梳匠)'으로 세분화 되어 있다. 『大典會通』 에는 외공장으로 각 지방의 소장(梳匠)이 등록되어 있다.

16) 『朝鮮王朝實錄』成宗 83卷, 8年(1477 丁酉) '서릉군 한치례를 경사에 보내 성절을 하례하게 하다 遣西陵君韓致禮如京師賀聖節 …眞梳一千箇, 木梳五十箇…'

17) 임린, 앞의 책, 64~66쪽.

2장 전통 얼레빗의 전승과 종류

1) 참빗은 빗살이 아주 가늘고 촘촘하게 나 있는 대[竹]빗으로 진소(眞梳)라고도 하며 진소장(眞梳匠)이 따로 있다. 먼저 얼레빗으로 대강 긴 머리를 가지런히 한 후 머리 를 정갈하게 다듬는 데 사용한다. 대나무를 잘게 쪼갠 살을 매어서 만드는데, 크기에 따라 대소 · 중소 · 어중소 · 밀소의 4가지로 구분한다.

2) 얼레의 어원은 '얼기설기'나 '얼기미(채)'에서처럼 '구멍(틈)'이 많이 난'의 뜻을 가 지고 있다.

3) 얼기빗, 얼기미, 어리빗, 얼건빗 등 지역에 따라 방언도 다양하다.

4) 허균(許筠), 『惺所覆瓿藁』第 26卷 附錄 1 '木梳梳了竹梳梳 梳却千廻蝨已除…'

5) 황진이(黃眞伊), 〈詠半月〉 '곤륜산 귀한 옥을 누가 캐어 誰斲崑山玉/ 직녀의 얼레빗 만들었는가 裁成織女梳/ 견우와 이별한 후 牽牛離別後/ 근심에 못 이겨 허공에 던진 거라오 謾擲碧空虛'

6) 서거정(徐居正, 1420~1488), 『四佳詩集』卷40 〈用前韻〉

7) 박지원, 『燕巖集』第 5卷 〈映帶亭滕墨 尺牘〉

8) 『續東文選』第 13卷 記 〈梳山彎溪精舍記〉

9) 조선시대에는 주로 수모(手母) 들이 의식 및 혼례용 화장을 도맡아서 하였는데 신부의 화장뿐만 아니라 궁중행사 또는 세자빈이나 중전 간택시 규수의 시중을 들기도 하였고 세자빈의 가례 때에도 시중을 들었다. 이 때 세심하게 머리카락을 정돈하는 용도로 사용되었을 것으로 보인다.

3장 얼레빗의 재료와 제작공구

1) 요즈음은 대추나무와 독성이 거의 없고 색감이 좋은 유실수(有實樹)를 많이 쓰고 있으며, 이상근씨는 대추나무를 가장 많이 사용한다.

2) 영친왕 일가 소장 얼레빗의 소재는 피나무로 밝혀졌다.

3) 『三國史記』新羅 屋舍條 집짓는 나무로 5두품과 4두품 이하는 '느릅나무(山楡木)를 써서는 안 된다' 고 했다. 뒤집어 생각해 보면 귀족들이 집을 지을 때 느릅나무를 널리 이용했다는 의미일 것이다.

4) 나무가 벼락을 맞은 확률은 높지 않으나 대추나무가 수분 함수율이 높아 다른 나무보다 전도율이 미미하나마 있는 편이기 때문에 키 큰 대추나무가 피뢰침 역할을 하여 벼락을 맞는 경우가 간혹 있어 왔다. 나무가 벼락을 맞으면 숯과 유사하게 강화

된 성질을 지니게 되어 돌처럼 단단하게 된다.

5) 스님들의 목탁도 살구나무로 많이 만드는데 100년을 넘긴 살구나무 뿌리로 만든 목탁은 그 어떤 나무로 만든 목탁소리보다도 청아하고 맑은 소리를 낸다고 한다.

6) 조선의 왕씨가 바로 이 오얏나무 '이(李)' 이지만 왕조의 나무로서 특별히 대접한 적은 없고, 대한제국이 들어서면서부터 오얏꽃이 왕실을 대표하는 문장으로 사용 되었다.

7) 신분이 높은 자들의 호패(號牌)를 상아나 검은 뿔 같은 고급의 수입재료로 만들었 지만 생원이나 진사급 신분의 사람들의 것은 주로 단단한 회양목으로 만들었다.

8) 중국에서는 잣나무를 해송이라고 한다.

9) 얼레빗 제작시 주로 쓰는 전기톱은 띠톱과 둥근톱인데, 띠톱은 목재를 자르거나 켤 때, 또는 나뭇결의 방향에 관계없이 절단하거나 곡선을 따라 도려내는 데 쓰인다. 쥐꼬리톱이나 곱창톱의 역할을 하면서 작업의 시간을 현격히 단축시킨다. 둥근톱 은 목재를 얼레빗의 규격대로 자르거나 켤 때 사용한다.

10) 살틀이나 살밀이틀에 빗을 고정시킬 때 고정목 위치를 조정하기 위해 '장도리메' 라고도 하는 나무 방망이로 고정목의 위나 아래를 때린다.

4장 전통 얼레빗의 제작공정

1) 이상근 목소장은 요즈음 중탕건조법을 더 많이 사용한다.

2) 반달빗의 재료는 3-1장을 참고.

3) 살잽이톱의 본날과 첩날의 순서에 따라 본날이 빗의 어느 한쪽 끝에 닿는 부분부터 살잽이를 해 나간다. 즉, 살잽이톱의 톱날 순서에 따라 오른쪽이나 왼쪽에서 켜기 시 작한다.

4) 뼈나 뿔의 가공은 3-1장을 참조한다.

5장 목소장의 전승 현황

1) 빗의 때를 제거하는 빗솔을 만드는 장인. 주로 멧돼지털로 솔을 맨다.

2) 『大典會通』卷之六 工典 〈京工匠〉'…木梳匠 二, 梳省匠…'

3) 『朝鮮王朝實錄』燕山 49卷, 9年(1503) 傳曰'木梳匠李春山近來內役已久, 工曹以柶炬 不納, 囚次知, 因此闕役, 其問之'

4) 단방령을 계기로 전국의 유림과 백성들이 일제에 저항하는 일이 거세어지고 급기야 는 을미사변과 함께 의병활동의 기폭제가 되기도 했다. 특히 면암 최익현 선생이 '내 목은 자를 수 있을지언정 머리는 자르지 못한다'며 완강하게 저항한 것은 백성 들과 유림의 대표적인 사례다.

5) 선대 대대로 공조(工曹)에서 관직 하였고, 증조부도 공조 선공감(繕工監)에 재직하 였던 교지(校旨)가 확인된다. 선조들이 전문 공인(工人)은 아니었지만 왕실 조달 물 품에 관계된 부서에 재직한 내력을 알 수 있다. 특히 조부가 공예기술이 뛰어나 고종 때 왕실에 불려가 재직했던 일로 인해 해방 후 그의 집안이 친일파로 몰려 고초를 치 르게 되고, 결국 가족들이 고향을 떠나게 되는 계기가 되었다.

6) 이상근 목소장의 구술에 의함.

7) 조각이 없는 것은 하루 종일 꼬박 만들면 40개 정도, 조각이 있는 것은 하루 10여개를 만들 수 있고, 특별한 것은 한 개 만드는데 10~30일 정도 걸리는 것도 있다고 한다.

8) 영동군농업기술센터는 농촌진흥청에서 지원한 2009~2010년 연구사업으로 농업인 개발과제인 '폐원 갱신 과원 과수목을 이용한 공예품소재 기술개발사업'을 시행하 는 과정에서 이상근 씨와 함께 얼레빗과 휴대폰고리 등 과수목을 이용한 소품 공예 품을 제작했다.

∶ 참고문헌

『釋名』,『三國志』,『小學』

『三國史記』,『經國大典』,『大典會通』,『朝鮮王朝實錄』

『牛溪集』,『東史綱目』,『五洲衍文長箋散稿』,『增補文獻備考』,『芝山集』,『靑莊館全書』,

『四佳詩集』,『惺所覆瓿藁』,『續東文選』,『閨閤叢書』,『燕巖集』,『林園經濟志』

『국립경주박물관소장품도록』, 통천문화사, 1988.

『국립공주박물관소장품도록』, 통천문화사, 2004.

『광주 신창동 저습지 유적』 II, 국립광주박물관 학술총서 제40책, 2001.

『광주 신창동 저습지 유적』 IV, 국립광주박물관 학술총서 제45책, 2002.

『명선』, 단국대학교 석주선 기념박물관 도록』, 2005.

『안압지』, 국립경주박물관, 통천문화사, 1997.

『온양민속박물관』, 1991.

『한국전통복식 2000년, 통천문화사, 2002.

전완길 · 박기완, 『복식용어사전』, 유신문화사, 1990.

한국민속사전 편찬 위원회, 『한국민속대사전』, 민족문화사, 1993.

한국정신문화연구원, 『한국민족문화대백과사전』, 한국정신문화연구원, 1997.

김민수, 『목공예 제작기법』, 향서각, 1983.

김영숙, 『한국복식문화사』, 미술문화, 1998.

김영태 · 정복상, 『공예재료공구학』, 계명대학교 출판부, 1981.

김한희, 『가구제작 및 목공예』, 일진사, 1990.

김희숙, 『한국과 서양의 화장문화』, 청구문화사 2000.

백영자 외, 『한국 복식의 역사』, 경춘사, 2004.

손미경, 『한국여인의 발자취』, 이화출판사, 2004.

유희경, 『한국복식사연구』, 2002.

이선재 · 김정진, 『우리나라 여성의 머리양식사』, 신광출판사, 2003.

이종석, 『한국의 전통공예』, 열화당, 1994.

임   린, 『한국여인의 전통 머리모양』, 민속원, 2009.

임연웅, 『공예재료가공』, 학문사, 1988.

전완길, 『한국 화장문화사』, 열화당, 1987.

조효순, 『韓國服飾風俗史硏究』, 一志社, 1988.

허동화, 『우리규방문화』, 현암사, 1997.

『향장』, 태평양, 2005년 9월호, vol.443.

김문자, 「삼국시대 머리 장신구에 대한 연구」, 『복식문화연구』 9, 복식문화학회, 2001.

박선례, 「고려와 조선의 분장과 두발장식 비교연구」, 한남대 석사학위논문, 2005.

박영만, 「세틸알콜을 이용한 광주 신창동 저습지 출토 목제빗의 동결건조」, 『박물관 보
          존과학』11호, 국립중앙박물관, 2011.

박윤무, 「안도동청 발해무덤」, 『발해사연구』 2, 연변대학출판사, 1993.

송민정, 「우리나라 전통 화장문화에 관한 연구」, 이화여대 석사학위논문, 1991.

유지효, 「한국 여성의 전통 화장문화에 관한 연구」, 전남대학교 박사학위논문, 2005.

윤지원, 「한국산 수종에 관한 연구」, 홍익대학교 석사학위논문 1983.

조명자, 「한국 화장 문화 사적고찰」, 중앙대학교 석사학위논문, 2003.

| 2010 충남민속문화의해 추진위원회 |

위 원 장	변 평 섭	충청남도역사문화연구원장
부위원장	이 필 영	한남대학교 교수
위 원	이 성 호	충청남도 문화체육관광국장
	박 창 현	국립민속박물관 섭외교육과장
	김 종 길	충남교육청 교육국장
	조 남 호	국립국어원 국어진흥교육부장
	정 정 희	(사)한국문화원연합회 충청남도지회장
	안 수 영	(사)한국예술문화단체 총연합회충청남도연합회장
	오 석 민	충청남도역사문화연구원 역사박물관장
	유 병 하	국립 공주박물관장
	강 대 규	국립 부여박물관장
	배 기 동	(사)한국박물관협회장
	조 한 희	충청남도박물관협의회장
	나 경 수	한국민속학술단체연합회장
	황 인 덕	충남대학교 교수
	이 해 준	공주대학교 교수
	최 종 호	한국전통문화학교 교수
	유 동 환	호서대학교 교수
	김 상 보	대전보건대학교 교수